MARCO  POLO

KANADA·OST

MONTREAL·TORONTO·QUEBEC

Reisen mit
Insider-Tips

*Diese Tips sind die ganz speziellen
Empfehlungen unserer Autoren.
Sie sind im Text gelb unterlegt.*

*Fünf Symbole sollen Ihnen
die Orientierung in diesem Führer erleichtern:*

★

für Marco ~~Polo Tips~~, die besten in jeder Kategorie

für alle Objekte ... *n*

D1730373

für Plätze,

𝐓

für Treffpunkte für junge Leute

(116/A 1)
Seitenzahlen und Koordinaten für den Reiseatlas Kanada Ost
(U/A 1) *Koordinaten für den Stadtplan Montréal im hinteren Umschlag*
(O) *außerhalb des Stadtplans*

*Diesen Band schrieb Karl Teuschl,
Reisejournalist und Autor mit Sitz in München,
der Kanada seit über 20 Jahren bereist.*

*Die Marco Polo Reihe wird herausgegeben
von Ferdinand Ranft.*

Die aktuellsten Insider-Tips finden Sie im Internet unter http://www.marco-polo.de

MAIRS GEOGRAPHISCHER VERLAG

MARCO ⊕ POLO

Für Ihre nächste Reise gibt es folgende Titel dieser Reihe:

Die Marco Polo Redaktion freut sich, wenn Sie ihr schreiben: Marco Polo Redaktion, Mairs Geographischer Verlag, Postfach 31 51, D-73751 Ostfildern

Unsere Autoren haben nach bestem Wissen recherchiert. Trotzdem schleichen sich manchmal Fehler ein, für die der Verlag keine Haftung übernehmen kann.

Titelbild: Christ Church Cathedral in Montréal (Schapowalow: China Photo)
Fotos: Anzenberger: Thöni (6); Autor (10, 24, 26, 28, 36, 41, 42, 62, 73, 83, 84);
V. Janicke (21, 50, 53, 67, 75, 77); Lade: Joke (14); H. Lange (44, 94); S. Layda (30); Mauritius: Hayes (70), Hubatka (115), Lawrence (17), Leblond (57), Messerschmidt (22), Superstock (8, 18), Vidler (58);
Schuster: Liaison (12), Schmied (4); J. Stark (80); Transglobe: Fauner (38)

3., aktualisierte Auflage 1999/2000 © Mairs Geographischer Verlag, Ostfildern
Chefredakteurin: Marion Zorn
Lektorat: Heinz Vrchota
Gestaltung: Thienhaus/Wippermann (Büro Hamburg)
Kartographie Reiseatlas: © SGA Ltd. (MapArt), Canada
Sprachführer: in Zusammenarbeit mit dem Ernst Klett Verlag für Wissen und Bildung GmbH, Redaktion PONS Wörterbücher

Printed in Germany
Gedruckt auf 100% chlorfrei gebleichtem Papier

INHALT

Entdecken Sie Kanadas Osten!

Ein Land wie ein Kontinent – mit einsamen Wäldern und wilden Küsten, idyllischen Dörfern und quirligen Metropolen

Kanada – allein schon in diesem Namen schwingt Fernweh mit. Man vermeint den Duft grüner Nadelwälder in der Nase zu spüren, sieht das feurige Laub des Indian Summer vor dem geistigen Auge. Sieht mächtige Wasserfälle über Granitwände stürzen und hört die Brandung eines dunklen Ozeans an felsige Küsten donnern. Schon zu Zeiten unserer Großeltern und Ururgroßeltern hatte Kanada, dieses unermeßlich weite Land, eine magische Zugkraft. So manche wanderten damals aus, um eigenen Boden zu besitzen und eine neue Zukunft zu suchen fern des engen Europa. In unserer Phantasie ist Kanada noch immer dieses urwüchsige, ursprüngliche Traumland – aber heutzutage muß man ja nicht gleich auswandern. Auch in einem Urlaub läßt sich das Abenteuer Kanada erleben.

Aus europäischer Sicht sind die Dimensionen dieses Landes schwer zu fassen. Kanada ist mit fast 10 Millionen qkm Fläche das zweitgrößte Land der Erde nach Rußland. Von der Küste am Atlantik bis zur Küste am Pazifik mißt es über 5500 km und umspannt sechs Zeitzonen. Und die Osthälfte des Landes ist so groß wie ganz Westeuropa vom Nordkap bis Gibraltar. Allein in die Provinz Québec, mit 1,5 Millionen qkm die größte Provinz Kanadas, würde Deutschland gut viermal hineinpassen, in die nächstgrößere Provinz, Ontario mit 1,1 Millionen qkm, immer noch dreimal.

Alles ist größer, weiter, wilder in Kanada. Im Osten sind es vor allem die Küstenlandschaften und die großen Seenplatten, die beeindrucken. Die von Postkarten und Bildbänden bekannten Rocky Mountains liegen weit im Westen – doch das bedeutet nicht, daß die Reise in den Osten nicht reichlich Abwechslung bieten wird.

Draußen am Atlantik steigen die steilen Klippen von Labrador und Neufundland aus dem Meer. Die Menschen dort leben in winzigen Fischerdörfern entlang der Küste, das einsame Binnenland der oft sturmumtosten Insel Neufundland ist das Reich der Holzfäller, Angler und Jäger.

Kleiner Ausflug auf einen großen See im Norden Ontarios

Weitaus milder ist das Klima in den Atlantikprovinzen Nova Scotia, Prince Edward Island (P.E.I.) und New Brunswick. Kleine, blitzsaubere Hafenstädte liegen an der buchtenreichen Felsenküste.

Die Bewohner arbeiten im Fischfang und tischen dem Gast köstliche Hummer auf. Die dicht bewaldeten Bergzüge im Hinterland gehören zum uralten Appalachengebirge, das die Gletscher der Eiszeiten zum sanften Mittelgebirge abschliffen. Die kleine, von roten Kartoffeläckern überzogene Inselprovinz Prince Edward Island rühmt sich der schönsten und wärmsten Meeresstrände des Landes.

Nach Westen hin schließt sich das fruchtbare St.-Lawrence-Tiefland an, einst das große Einfallstor zu Kanada, die Route der Entdecker und Pelzhändler. Dort, in den Provinzen Québec und Ontario, liegen die wichtigsten Metropolen, schlägt das wirtschaftliche Herz der Industrienation. Québec City, Montréal, Toronto – wie Perlen reihen sich die lebenslustigen Städte am St. Lawrence und am Lake Ontario aneinander, glänzen mit postmoderner Architektur und buntem Völkergemisch. Nicht zu vergessen die elegante Bundeshauptstadt Ottawa mit ihren Museen und manikürten Parks. Und natürlich die schäumenden Niagarafälle, Ostkanadas berühmteste Attraktion.

Nördlich der Städte und sattgrünen Farmen des Tieflands beginnt das stille Reich der vielen Granitkuppen und Wälder des Kanadischen Schilds. Wie ein riesiges Hufeisen legt sich das von

Im Terra Nova National Park auf der Atlantikinsel Neufundland

den Gletschern rundgehobelte uralte Gestein um die Hudson Bay. Der Kanadische Schild macht fast die Hälfte der ganzen Landfläche Kanadas aus – eine Region der Seen und ungebändigten Flüsse und tiefen Wälder, die bis an den Rand der Arktis reicht. So ist denn auch der Norden Ontarios und Québecs ein Dorado für Angler, Kanufahrer und Wildnisfans.

Angesichts der immensen Ausdehnung Ostkanadas ist das Klima verblüffend gleichmäßig. Bis auf die Küstenregionen, in denen es etwas feuchter und gemäßigter ist, herrscht im gesamten Osten Kontinentalklima. Das bedeutet heiße, sonnige Sommer und bitterkalte, schneesichere Winter. Hoch im Norden dauert der Sommer kaum drei Monate, während im Süden, auf dem gleichen Breitengrad wie Florenz, auf der Niagara-Halbinsel Ontarios Wein und Pfirsiche gedeihen. Doch auch im St.-Lawrence-Tiefland beginnt das Frühjahr erst Anfang Mai, und schon Ende September verändern sich die Blätter der Laubwälder zum spektakulären Farbenspiel des Indian Summer.

Gerade einmal 30 Millionen Menschen – zwei Drittel davon im Osten – leben heute in Kanada. Dies bedeutet statistisch eine Bevölkerungsdichte von nur 3 Einwohnern je qkm – in Mitteleuropa sind es fast hundertmal mehr. Hinzu kommt, daß die Menschen nicht gleichmäßig verteilt siedeln: Gut 80 Prozent der Kanadier wohnen in einem nur 300 km schmalen Streifen nördlich der Grenze zu den USA. Die am dichtesten besiedelte Region ist das St.-Law-rence-Tiefland zwischen Windsor und Québec City. Außerhalb der Metropolen wird die Besiedelung jedoch schnell dünner: Im Norden fährt man – sofern es überhaupt Straßen gibt – oft stundenlang, bis man zum nächsten Ort gelangt.

Daß Kanada ein zweisprachiges Land ist, wird Ihnen schnell auffallen – jede Broschüre in den National Parks, jede Milchpakkung im Supermarkt ist in Englisch und Französisch beschriftet. Knapp ein Drittel der Kanadier spricht Französisch als Muttersprache – überwiegend die Bewohner der Provinz Québec, zumeist Nachfahren der französischen Siedler des 17. und 18. Jahrhunderts. In den anderen Regionen wird überwiegend Englisch gesprochen.

Neben Engländern und Franzosen gab es aber noch zahlreiche weitere Einwanderer aus aller Herren Länder: Deutsche, Italiener, Ukrainer – und gerade in den letzten Jahrzehnten kamen viele Immigranten aus Asien und der Karibik hinzu. Kanada setzt auf kulturelle Toleranz. Es will kein »Schmelztiegel der Nationen« wie die USA sein, sondern eine multikulturelle Gesellschaft. Ein Bummel über den Boulevard Saint-Laurent in Montréal oder die Spadina Avenue in Toronto – beides klassische Einwandererbezirke – ist wie eine Reise um die Welt.

Vielleicht gerade weil Kanada ein noch so junger Staat ist, sind die Bewohner so besonders stolz auf ihre Geschichte. Jedes Dorf besitzt herrlich restaurierte historische Häuser (hier gab es keine zerstörerischen Weltkriege) und zumindest ein liebevoll mit Erb-

Aussterbendes Handwerk: Eskimofrau beim Abschaben einer Tierhaut

stücken eingerichtetes Pionier-museum. Besonders schön aber sind die perfekt gestalteten Museumsdörfer, in denen die oft abenteuerliche Pionierzeit bewahrt wird. Hier gibt es Geschichte zum Anfassen, und junge Kanadier spielen mit viel Enthusiasmus das Leben ihrer Vorfahren nach. In Nova Scotia können Sie in Port Royal und in der herrlich restaurierten Garnisonstadt Louisbourg die ersten Außenposten Frankreichs in der Neuen Welt bestaunen. Entlang des St.-Lawrence-Stroms blieben in Québec City und Kingston die Festungen der Kolonialzeit erhalten; Upper Canada Village ist ein typisches Siedlerdorf aus der Loyalistenzeit vor 150 Jahren. In den Wäldern des Nordens stehen restaurierte Pelzhandelsposten und Missionsstationen wie etwa Fort William in Thunder Bay oder Sainte-Marie among the Hurons bei Midland und machen

das einst harte Leben in der Wildnis erfahrbar.

Der heutige Besucher hat es da leichter: Kanadas Osten bietet eine vorzügliche touristische Infrastruktur mit gut ausgebauten Straßen, sauberen Hotels und Motels und äußerst hilfsbereiten Infobüros, die mit guten Tips für Feste und Unternehmungen weiterhelfen. Museen und bunte Märkte, vorzügliche Restaurants, Jazzclubs und witzige Bistros machen den Aufenthalt in den Städten kurzweilig. Im Hinterland gibt es einsame Lodges und Angelcamps, die den Zugang zur Wildnis erleichtern. Eine besondere Attraktion sind die zahlreichen Provincial und National Parks, in denen die spektakulärsten Landschaften und wichtige Ökosysteme unter Schutz gestellt werden.

Gelegenheiten zum Abenteuer gibt es viele. Sei es auf einer Kanufahrt im Algonquin Park, einer Wandertour am Cabot Trail in Nova Scotia oder einer wilden Kajakfahrt auf den Flüssen Québecs. Man muß jedoch nicht an die Grenzen der eigenen Belastbarkeit gehen: Ein Musical in Toronto, ein Plausch im Bistro in Montréal, ein Shoppingbummel in einer der eleganten Malls gehören zur Kanadareise ebenfalls dazu. Und auch eine Landpartie in die Laurentides oder eine Tour mit dem Wohnmobil durch die Seenplatte Ontarios kann das Gefühl von Freiheit und Weite vermitteln. Wenn dann die Flammen über die Scheite im Lagerfeuer züngeln, im Abendrot ein Elch im Riedgras des flachen Sees äst oder ein Biber vorüberpaddelt, dann wird der Urlaub zum Traumurlaub.

Geschichtstabelle

Um 35 000 v. Chr.
Paläoindianische Jägervölker
wandern über die Beringstraße
nach Nordamerika ein

Um 1000 n. Chr.
Wikinger erkunden von Grön-
land aus »Vinland«, das heutige
Labrador und Neufundland

1497
John Cabot segelt in britischem
Auftrag als erster Europäer der
Neuzeit nach Nordamerika und
erreicht Neufundland

1535/1536
Der Franzose Jacques Cartier
entdeckt den St.-Lawrence-
Strom und verwendet zum
ersten Mal den Namen Kanada

1608
Samuel de Champlain gründet
Québec und beginnt die
französische Kolonialisierung
des St.-Lawrence-Tals

1670
Londoner Kaufleute gründen
die Hudson's Bay Company

1759
Die Schlacht um Québec endet
mit der französischen Nieder-
lage. Neufrankreich wird
nach Ende des Siebenjährigen
Kriegs im Frieden von Paris
1763 britische Kronkolonie

1792/93
Alexander Mackenzie, ein Pelzhändler der Northwest Trading
Company aus Montréal, durch-
quert als erster den Kontinent
bis zum Pazifik

1867
Die Geburt Kanadas: Im British
North America Act werden
die Kolonien Ontario, Québec,
Nova Scotia und New Brunswick
zum Dominion of Canada

1885
Fertigstellung der Trans-
Canada-Eisenbahnlinie

1931
Kanada wird souveräner Staat
im British Commonwealth

1959
Der St. Lawrence Seaway
verbindet die Großen Seen mit
dem Atlantik

1962
Fertigstellung des Trans-Canada-
Highway, der ersten Straße vom
Atlantik zum Pazifik

1980
Nach der Québec-Krise der
70er Jahre sprechen sich die
Québecer in einer Volksab-
stimmung gegen die Loslösung
von Kanada aus

1995
»Fischereikrieg« zwischen der
EU und Kanada – es geht um
die reichen Fischgründe vor
Neufundland. Im Herbst des
Jahres entscheiden sich die
Québecer in einem erneuten
Referendum ganz knapp gegen
die Abspaltung

1997
Die 13 km lange Confederation
Bridge verbindet Prince Edward
Island mit dem Festland

Von den Bären bis zu den Mounties

Die Frankokanadier bestehen auf ihrer kulturellen Eigenständigkeit. Wissenswerte Hintergründe zum Verständnis des Landes

Bären

Zu Hause, nach dem Urlaub, von einem abenteuerlichen Erlebnis mit Bären zu erzählen gehört zu jeder Kanadareise. Nun, die Chancen stehen nicht schlecht. Drei Spezies von Meister Petz sind in Kanada zu Hause: Eisbär, Grizzly und Schwarzbär. Die bis zu 600 kg schweren *polar bears* kommen nur in der Packeisregion der Arktis vor, die scheuen Grizzlies (Ursus arctos horribilis) nur in abgelegenen Hochtälern der Rocky Mountains, entlang der Westküste und in der arktischen Tundra. Auf einer Urlaubsreise durch Ostkanada werden Sie diese beiden Arten wohl kaum beobachten können.

Ganz anders die dritte Bärenspezies, die Schwarzbären. Neugierig und immer hungrig, schnüffeln sie schon mal abends über den Campingplatz, verjagen einen verdutzten Wanderer aus ihrem Blaubeerrevier oder überqueren vor einem Wagen den Trans-Canada Highway im Norden Ontarios. Vorsicht ist geboten: Das ach so beliebte Bärenfoto sollten Sie unbedingt aus gebührendem Abstand machen, sämtliche Lebensmittel nachts geruchsdicht im Auto oder Wohnmobil verstauen – und das nach Steaks duftende Geschirr sofort spülen. Schwarzbären haben einen hervorragenden Geruchssinn und hören gut, sie sehen aber recht schlecht. Beim Wandern gegen den Wind hilft es deshalb, etwas Lärm zu machen – überraschte Bären können nen recht ungemütlich werden.

Flora und Fauna

Der größte Teil Kanadas liegt im Bereich des Borealen Nadelwaldes, der sich wie ein breites grünes Band von Neufundland bis zum Pazifik quer durch den Kontinent zieht. Hier wachsen Weiß- und Schwarztannen, Kiefern und Fichten. Diese gewaltigen Wälder, die sich in Nord-Süd-Richtung auf über 1000 km Breite erstrecken, sind Lebensraum von Bären, Elchen, mehreren Hirscharten, Luchsen, Stachelschweinen, Bibern und zahlreichen

Totempfähle im Canadian Museum of Civilization: Zeugen indianischer Schnitzkunst

kleineren Nagetierarten. Nach Norden hin gehen in Québec, Labrador und den Northwest Territories die Wälder in Taiga und schließlich in baumlose Tundra über. Nur noch Karibus und Schneehasen können von den spärlichen Flechten und Moosen in dieser Region leben. Doch die großen Süßwasserflächen ernähren im Sommer zahllose Wasservögel.

Die reich bewaldeten Atlantikprovinzen erinnern mit ihren Granithügeln, Fjorden und Seenlandschaften an die rauhen Küstengebiete Skandinaviens. Weiter im Binnenland wird die Natur lieblicher: Um das Tal des St. Lawrence in Québec und um die Großen Seen in Ontario wächst Mischwald, dessen Ahorn- und Eichenarten im Herbst die spektakulären Farben des Indian Summer liefern. Im äußersten Süden Ontarios gedeiht sogar echter Laubwald mit Schwarzeichen, Hickories (Nußbäumen) und Tulpenbäumen. Hier führen auch die wichtigsten *flyways* Nordamerikas hindurch, die Routen der Zugvögel. Im Frühjahr und Herbst kann man in den Marschen am St. Lawrence und an den Großen Seen riesige Schwärme von Schneegänsen und anderen Wasservögeln beobachten. Point Pelee am Lake Erie, der südlichste Punkt Kanadas, ist ein Paradies für Hobbyornithologen.

Frankokanada

In der Schlacht von Québec verlor Frankreich 1759 seine Kolonie in der Neuen Welt. Die französischen Siedler jedoch blieben, und ihre Nachfahren machen heute knapp 30 Prozent der Ge-

In dieser Größe durchaus noch niedlich: ein junger Schwarzbär

samtbevölkerung Kanadas aus. Nach wie vor leben die meisten Frankokanadier in der Provinz Québec, doch vor allem junge Männer und Frauen ziehen der besseren Jobs wegen oft in den Westen um.

Auch unter der britischen Regierung blieb Québec im 19. Jahrhundert feudalistisch strukturiert: Die katholische Kirche bestimmte nahezu alle Lebensbereiche der Landbevölkerung. Industrie, Wirtschaft und Politik Québecs wurden von der zumeist englischen Oberschicht gelenkt. Erst die »Stille Revolution« der 60er Jahre brachte den Wandel: bessere Ausbildung, eine eigenständige frankokanadische Politik und die Nationalisierung der für die Provinz so wichtigen Elektrizitätswirtschaft.

Seither führte die sprachliche und kulturelle Zweiteilung Kanadas immer wieder zu schweren

Krisen. Bereits in den 60er Jahren forderte der nationalistische *Parti québécois* die völlige Loslösung Québecs von Kanada; es kam sogar zu terroristischen Anschlägen von Separatisten. Zweimal wurden dazu bisher Volksabstimmungen abgehalten: 1980 und 1995. Und beide Male sprach sich die Mehrheit der Bevölkerung Québecs gegen die Ablösung aus – jedoch nur sehr knapp. Solange die Partei der Separatisten in Québec regiert, ist das Thema der Abspaltung nicht völlig vom Tisch.

Gold

Seit Jack Londons Romanen ist die abenteuerliche Geschichte des Goldrauschs am Klondike fest im Gehirn jedes jugendlichen Lesers verankert.

Tatsächlich spielte in Kanada die Suche nach dem gelben Metall eine ganz besondere Rolle, denn mit den Goldfunden wurden im Westen ganze Regionen erschlossen und besiedelt. Im Jahr 1898 hieß es: »Gold in the Yukon!«, und an die 100 000 hoffnungsvolle Goldsucher machten sich auf den mühsamen Weg über den Chilkoot-Paß zum legendären Klondike River. Gold im Wert von 100 Mio. kan $ wurde damals in nur drei Boomjahren gefördert. Dawson City war mit 30 000 Einwohnern die größte Stadt westlich von Winnipeg. Auch heute noch wird Gold gefördert – am Klondike, aber noch mehr im harten Granitfels des Kanadischen Schilds in Ostkanada. Gut 2 Mio. Unzen im Wert von fast 1 Mrd. kan $ sind es jährlich, von denen viele zum *Maple Leaf Dollar* geprägt werden, der zur meistverkauften Goldmünze der Welt avanciert ist.

Hudson's Bay Company

Dem Biber und der europäischen Hutmode verdanken wir die Erschließung Kanadas. Aus dem wolligen Unterpelz der Nager wurde nämlich im 17. und 18. Jahrhundert der Filz hergestellt für Zylinder und Dreispitze und alle anderen Arten von Hüten. Französische Waldläufer wie Pierre Esprit-Radisson drangen bereits um 1650 in die Wälder Québecs und Ontarios vor, und zahlreiche Pelzhandelsgesellschaften trieben bald einen lukrativen Handel von Montréal aus.

Am 2. Mai 1670 übergab der englische König Charles II seinem Vetter Prince Rupert und 17 Londoner Investoren die Gründungsurkunde der Hudson's Bay Company – einer Gesellschaft, die zu einem der großen Handelsimperien der Geschichte werden sollte. Ihr Territorium, Rupert's Land, umfaßte fast 4 Mio. qkm, ihr Handelsgebiet schließlich ein Zwölftel der Erdoberfläche. Auf der Suche nach immer neuen Biberrevieren erkundeten die Pelzhändler das riesige Land. Aus ihren Forts wurden später Städte, aus ihren Handelswegen Highways. 1870 trat die Hudson's Bay Company ihr Land für 300 000 englische Pfund an das neugegründete Kanada ab. Doch die Handelsposten blieben ihr, und bis heute ist eine Kaufhauskette mit dem Namen The Bay, die aus der ursprünglichen Gesellschaft hervorgegangen ist, in vielen Orten Kanadas vertreten.

Indianer und Inuit (Eskimos)

Die Vorfahren der Indianer kamen während der Eiszeiten vor mindestens 35 000 Jahren über die Beringstraße nach Nordamerika. Sie breiteten sich im Lauf der Jahrtausende über den Kontinent aus, es entwickelten sich eigenständige Kulturgruppen: Halbnomadische Jägerstämme lebten im Norden und äußersten Osten Kanadas. Die Irokesen und Huronen der Waldlandkultur in der Region um den St. Lawrence waren dagegen seßhaft und bauten Mais, Bohnen und Tabak an. Die Stämme der Plains-Kultur in den Prärien des Westens folgten den großen Büffelherden, während das reiche Nahrungsangebot an der Westküste den dortigen Stämmen genügend Muße ließ, sich zu kunstfertigen Holzschnitzern zu entwickeln. Die Vorfahren der heutigen Inuit besiedelten von Alaska aus erst vor etwa 1000 Jahren die kanadische Arktis.

Die ersten Jahrzehnte im Kontakt mit den Weißen verliefen für die kanadischen Ureinwohner nicht ganz so traumatisch wie für ihre Brüder in den USA. Die Pelzhändler waren auf die Hilfe der Indianer angewiesen und griffen nur begrenzt in ihre Lebensweise ein. Allerdings dezimierten aus Europa eingeschleppte Krankheiten die Stämme. Erst mit der Besiedelung des Westens im 19. Jahrhundert wurden die Indianer in Reservate abgedrängt. Nach Verbesserungen in der Gesundheitsversorgung leben heute rund 610 000 Indianer und 50 000 Inuit in Kanada.

In der Verfassung von 1982 wurden ihre Rechte als ursprüngliche Besitzer des Kontinents anerkannt. Dies und das erstarkte Selbstbewußtsein der Ureinwohner haben dazu geführt, daß derzeit zahlreiche Stämme im Norden und Westen Landrückgabe und Selbstverwaltung fordern.

Durchblick für die Stadtregierung: die 1992 eröffnete Metro Hall in Toronto

Den spektakulärsten Erfolg erzielten dabei die Inuit: Im April 1999 haben sie im hohen Norden Kanadas ihr eigenes Territorium namens Nunavut (Unser Land) erhalten.

Lachse

Die berühmten Königslachse werden die Petrijünger im Osten Kanadas vergeblich suchen. Sie kommen – wie auch vier weitere Lachsarten – nur in den Flüssen der Pazifikküste vor. Die etwas kleineren Atlantiklachse gibt es jedoch auch in Ostkanada: In den Bächen der Gaspé-Halbinsel und in New Brunswick steigen sie ihrem uralten Lebenszyklus folgend jeden Sommer aus dem Meer in die Flüsse auf. Wie auf ein geheimes Signal hin schwimmen sie zu Tausenden gemeinsam stromaufwärts bis zu den Bächen, in denen sie geboren wurden, laichen und sterben. Am

Geschmack des Wassers erkennen die Fische exakt, in welchen Bach sie zurückkehren müssen. So können sogar gezüchtete Lachse genau gesteuert werden.

Landessprachen

Kein Zweifel, Kanada ist zweisprachig. Die Milchtüte im Supermarkt, die Wanderkarte im National Park, das Einreiseformular der Zollbehörde – überall ist die Aufschrift in Englisch und Französisch gehalten. Rund 60 Prozent der Kanadier sprechen Englisch, knapp 30 Prozent Französisch als Muttersprache. Doch die Verteilung ist nicht gleichmäßig: In den Atlantikprovinzen, in Ontario und im gesamten Westen hört man fast ausschließlich Englisch, in Québec fast nur Französisch.

Auf einer Urlaubsreise kann man mit beiden Sprachen gut reisen, denn viele Kanadier sind heute zweisprachig. Sogar mit etwas rostigem Schulenglisch kommt man gut zurecht, denn die geduldigen Kanadier geben sich mit ihren Gästen viel Mühe, und das kanadische Englisch ist in Aussprache und Wortschatz noch britischer als das südlich der Grenze gesprochene »Amerikanisch«. Etwas schwieriger ist das in Québec, denn das Québecois geht noch auf alte normannische und bretonische Dialekte zurück – und weist zum modernen Französisch der Académie française allerlei Unterschiede auf. Es klingt rauher, bäuerlicher, altertümlicher. Auch der Wortschatz variiert: Das Auto (frz.: *voiture)* zum Beispiel heißt in Québec *le char,* Einkaufen *(faire des courses)* heißt *magasiner,* und das Trinkgeld *(pourboire)* heißt in Québec ganz amerikanisch *tip.*

Moderne Architektur

In den letzten 20 Jahren hat in den Metropolen die Postmoderne Einzug gehalten, und Kanada kann mittlerweile Architekten von Weltruf vorweisen. Vor allem Toronto und Montréal haben mit spektakulären Wohnprojekten und Hochhausbauten Zeichen gesetzt. Moshe Safdie baute zur Expo 1967 in Montréal das radikale Wohnhaus Habitat in dreidimensionaler Zellstruktur, sein neuestes Werk ist die gläserne Festung der Nationalgalerie in Ottawa. Ebenfalls in der Bundeshauptstadt steht das 1989 vom Kanadier Douglas Cardinal erbaute Museum of Civilization, das sich in fließender Wellenform dem Ufer des Rideau River anpaßt. Stararchitekt Kanadas ist nach wie vor der deutschstämmige Ed Zeidler: Das Eaton Centre und der Queens Quay Terminal in Toronto zählen zu seinen berühmtesten Werken. Aber auch internationale Architekten fanden in Kanada fruchtbaren Boden für ihre Werke: Der Finne Viljo Revell erbaute zum Beispiel im Jahr 1965 das Rathaus von Toronto, der Spanier Santiago Calatrava schuf 1993 den spektakulären Prachtbau der Metropole, die BCE Place Galleria, die im Innenraum fast wie eine gotische Kathedrale anmutet.

National Parks

» ... zum Wohle, Vorteil und Vergnügen der Bevölkerung Kanadas« wurde 1885 der Vorläufer des heutigen Banff National Park gegründet. Er war der erste in einer langen Reihe von Parks, in denen heute die schönsten und ursprünglichsten Regionen des weiten Landes geschützt werden.

Gerade unter heutigen ökologischen Gesichtspunkten gilt das dem kanadischen Umweltministerium unterstellte Parksystem als weltweit bahnbrechend. 38 National Parks sind es heute mit einer Gesamtfläche von über 200 000 qkm – genug, um Österreich zweimal darin unterzubringen. Weitere Parks sind geplant, denn bis zum Jahr 2000 soll jede typische und ökologisch bedeutende Region Kanadas in einem Park unter Schutz gestellt sein.

Die meisten und berühmtesten Parks wie etwa Banff oder Jasper liegen im Westen des Landes, in den Rocky Mountains. Aber auch im Osten wurden einige besonders schöne Naturlandschaften als National Parks geschützt, so etwa die einsamen Seen von La Mauricie, die Steilklippen von Forillon auf der Gaspé-Halbinsel oder die Fjorde von Gros Morne auf Neufundland. Millionen Besucher kommen jedes Jahr in die Parks, da gilt es, sich an die Regeln zu halten: Kein Tier darf gefüttert, kein Zweig darf abgebrochen werden! Ein Wildblumenstrauß kann Sie teuer zu stehen kommen: bis zu $ 500 Strafe. Jagen ist generell verboten. Dagegen dürfen Sie aber – mit Lizenz – in den Bächen und Seen angeln.

Politisches System

Kanada ist eine bundesstaatlich geordnete parlamentarische Monarchie im British Commonwealth. Offizielles Staatsoberhaupt ist daher als Königin von Kanada die englische Monarchin Queen Elizabeth, die aber lediglich zeremonielle Aufgaben hat. Das aus zwei Kammern bestehende Parlament in der Bundes-

hauptstadt Ottawa ist für die Außenpolitik, für Verteidigung und Finanzen zuständig. Die zehn Provinzen Kanadas besitzen weitreichende Selbstverwaltung, zum Beispiel in Schulwesen, Kulturpolitik, Gesundheitsversorgung und in der Nutzung der Bodenschätze. Dagegen werden die beiden nur sehr dünn besiedelten Nordprovinzen noch weitgehend von Ottawa aus regiert. Große Gebiete im Norden wurden – und werden in den nächsten Jahren – an die Indianer und Inuit zurückgegeben und von ihnen selbst verwaltet.

Rohstoffe und Industrie

Kanada ist ungeheuer reich an Rohstoffen: Im harten, uralten Gestein des Kanadischen Schilds, im Norden von Ontario, Québec und Labrador, lagern große Eisen-, Zink-, Nickel- und Goldvorkommen. Die so gewaltigen Flüsse Québecs liefern schier unbegrenzt Energie. Am Fuß der Rocky Mountains findet man in Alberta Öl, Erdgas und Ölschiefer. Auch die Landwirtschaft spielt eine bedeutende Rolle: Daß die unendlichen Weizenfelder der Prärien Zentralkanadas als der Brotkorb des Kontinents gelten, ist bekannt, aber auch der Süden Ontarios und Québecs wird landwirtschaftlich intensiv genutzt. Mais und Gemüse, Tabak und Obst werden hier angebaut, auf der klimatisch besonders milden Niagara-Halbinsel gedeihen Pfirsiche und Wein.

Seit dem Zweiten Weltkrieg versucht Kanada von seiner schon traditionellen Rolle als Rohstofflieferant für die Weltwirtschaft wegzukommen. Die industrielle Produktion, deren

Ähnliches Einsehen entwickelte sich in den letzten Jahren auch für die in den Atlantikprovinzen so wichtige Fischerei. Im Frühjahr 1995 brachten kanadische Küstenpatrouillen sogar einen spanischen Fischkutter auf, um die Überfischung der einst unendlich reichen Grand Banks vor Neufundland zu verhindern. Zwar wurde dieser »Fischereikrieg« mit der EU schnell wieder beigelegt, doch die kommenden Jahre werden wohl noch häufig Streitereien um die Fischgründe im Nordatlantik bringen.

Royal Canadian Mounted Police

Die rotberockten *Mounties* sind wohl das bekannteste Wahrzeichen Kanadas. In ihrer Paradeuniform treten sie bei offiziellen Veranstaltungen auf und schmücken so manches Erinnerungsfoto. Doch sie sind mehr als buntes Beiwerk: Bis heute ist diese hervorragend ausgebildete Bundespolizei für alle jene ländlichen Regionen und Orte Kanadas zuständig, die sich keine eigene Polizei leisten können.

Die heute rund 15 000 Mann starke Truppe der *RCMP* wurde bereits im Jahr 1873 gegründet. Für Jahrzehnte waren die Forts der Mounties die einzigen Außenposten der Zivilisation im damals noch recht wilden Westen. Mit Hundeschlitten patrouillierten die Gesetzeshüter in der Arktis, zu Pferd und per Kanu drangen sie in die abgelegensten Goldcamps vor. Und auch heute kann man die Mounties noch hautnah erleben – als radarbewaffnete Wächter an den Highways draußen im weiten Land, die jedem Raser die Leviten lesen und ihn zur Kasse bitten.

Berittene Polizei: ein »Mountie«

Zentrum in Südontario rings um Toronto, Hamilton und Windsor liegt, macht heute bereits drei Viertel des Bruttosozialprodukts aus. Doch nach wie vor spielen die Rohstoffe eine große Rolle – und viele Kanadier beklagen den Ausverkauf des Landes. Strom aus Québec wird zu Billigpreisen an die USA verkauft, billiges Holz aus Ontario endet als Zeitungspapier auf Frühstückstischen in aller Welt. Noch immer hängt jeder zehnte Arbeitsplatz des Landes von der Holzindustrie ab. Jedes Jahr werden in Kanada 150 Mio. Kubikmeter Holz geschlagen. Daß dieser Raubbau das Land ausblutet, erkennt mittlerweile auch die Regierung. Durch Aufforstungsaktionen und strenge Auflagen für die Holzindustrie sollen die Wälder Kanadas gerettet werden.

Coffee-Shops und Szenebistros

Kanadas kulinarische Reize liegen in der Vielfalt regionaler Zutaten und der Rezepte, die die Einwanderer mitbrachten

Französisches Erbe

Ein eigenes Kapitel verdient die Küchenkunst Québecs. Von allen Regionen Kanadas ist sie die einzige, in der sich eine eigenständige Regionalküche entwickelt hat. Die Provinz ist seit Jahrhunderten der kulinarische Nabel Kanadas. Die Einwanderer aus der Normandie und der Bretagne, zumeist einfache Fischer und Bauern, brachten ihre heimatlichen Rezepte mit in die Neue Welt. Mangels Zutaten mußten sie ihre tägliche Kost allerdings oft abwandeln. Statt Schwein, Rind oder Huhn wurde Elch, Reh, wilder Truthahn oder Wildgans verwendet. Von den Indianern lernten sie, Mais und Kürbisse zuzubereiten, und statt mit Zukker wurde mit vitaminreichem Ahornsirup gesüßt.

Bis heute wird in Québec nach alter französischer Tradition gekocht. Probieren Sie die dicke Erbsensuppe mit Speck, danach vielleicht ein Stück Tourtière oder Cipaille – würzige Fleisch-

Erst beim Kochen wird er »krebsrot«: köstlicher Hummer aus dem Atlantik

pasteten – und zum Nachtisch Heidelbeerkuchen mit frischen Beeren aus den Wäldern Nordquébecs.

Nationalgericht?

Es gibt kein kanadisches Nationalgericht. Zu unterschiedlich waren die Einwanderergruppen, die aus allen Kontinenten hierherkamen, zu groß war das Land. So macht die Vielfalt der Spezialitäten bis heute den Reiz der »multikulturellen« Essensfreuden in Ostkanada aus. In Toronto essen Sie vorzüglich chinesisch, ukrainisch und polnisch. In der Stadt Québec sind die altfranzösischen Lokale mit der deftigen Küche zu Hause, in Montréal speist man französisch, portugiesisch, jüdisch-koscher oder sitzt im Bistro an der Ecke – ganz wie in Paris. Daneben fehlen aber nicht die typischen Gerichte, für die das Land bekannt ist: Steaks aus Alberta (mit Folienkartoffel und einem zarten, in Butter geschwenkten Maiskolben), Hummer von der Atlantikküste und frischer Lachs in allen Variationen aus dem Pazifik oder Atlantik. Natürlich werden Sie auch in Kanada mit dem üblichen Fast-food-Einerlei von Hamburgern und Grillhühnern konfrontiert. Aber wenn Sie vor den Neonreklamen an den Einfallstraßen der Städte standhaft bleiben und die kleineren Lokale mit *home cooking* aufsuchen, die kleinen Fischhäuser am Atlantik, die rustikalen Lodges in der Wildnis oder die ethnischen Restaurants der Städte, dann werden Sie angenehm überrascht sein.

Regionale Kost

Am Atlantik stehen Hummer, Dorsch und Muscheln auf der Speisekarte. Der nur langsam wachsende Hummer aus dem kalten Atlantik gilt unter Kennern als der beste der Welt. Auf Prince Edward Island werden im Sommer bei den *lobster suppers* in Gemeindehallen und Kirchensälen mächtige Hummerbuffets angerichtet. Die schottischen Einwanderer haben ihren Haferbrei mit nach Nova Scotia gebracht und das Rezept für Solomon Gundy, köstliche marinierte Heringe. Etwas gewöhnungsbedürftig sind dagegen manche der Traditionsrezepte aus Neufundland – *cod tongues* zum Beispiel, fritierte Dorschzungen.

Weiter im Binnenland, in Ontario, liefert die von mildem Klima gesegnete Niagara-Halbinsel frisches Gemüse, Wein und ausgezeichnetes Obst. Aus den Seen im Hinterland der Provinz kommen Hechte und Forellen auf den Speiseplan, dazu vielleicht wilder Reis, den die Indianer in den Seen des Nordens ernten.

Restaurants

Zum Frühstück geht man in den Coffee-Shop. Er gehört sowieso zum Hotel oder liegt bei Motels gleich nahebei. Entweder nehmen Sie dort das kleine *Continental Breakfast* (Saft, Kaffee, Toast mit Marmelade) oder bestellen ein großes *American Breakfast,* das oft den ganzen Tag vorhält. Dazu gehören Eier (*sunny side up* = Spiegelei, *over-easy* = Spiegelei gewendet, *scrambled* = Rührei, *boiled* = gekocht), Speck *(bacon)* oder Schinken *(ham)* sowie Bratkartoffeln *(hash browns)* und Toast mit Marmelade. Probieren Sie auch einmal *French Toast* (arme Ritter) oder ein Omelett. Kaffee – allerdings oft sehr herzfreundlich dünner – wird kostenlos nachgeschenkt bis zum Abwinken. Nur im französisch geprägten Québec ist der Kaffee meist stärker. Zum Lunch, etwa zwischen 12 und 14 Uhr, essen die Kanadier oft nur kleinere Gerichte, die auf einer separaten Speisekarte *(lunch menu)* aufgeführt sind: z. B. *Caesar's Salad* oder *Soup and Sandwich.* Man kann sich aber auch für ein großes Salatbuffet entscheiden oder einen – oft gar nicht schlechten – hausgemachten Hamburger versuchen.

Das Abendessen *(dinner)* wird in ländlichen Regionen schon zwischen 17.30 und 19 Uhr serviert, in den größeren Städten etwa von 19 bis 22 Uhr. Zu den Besonderheiten gehört, daß man in den meisten Restaurants einen Tisch zugewiesen bekommt. Ein Schild am Eingang zeigt dies an: *Please wait to be seated.* Raucher werden fast überall in abgetrennte Zonen irgendwo im hinteren Bereich des Lokals abgeschoben.

Die auf der Speisekarte angeführten Preise enthalten weder Bedienungsgeld *(tip)* noch die von Provinz zu Provinz unter-

Eines der vielen netten kleinen Restaurants in Québec City

schiedliche Steuer. Auf der Rechnung wird dann die Steuer ausgewiesen, das Bedienungsgeld (etwa 15 bis 20 Prozent vom Rechnungsbetrag) läßt man auf dem Tisch liegen.

Trinken

Wenn es ein Nationalgetränk in Kanada gibt, dann ist das Bier – ein im Vergleich zum wäßrigen US-amerikanischen sogar sehr süffiges, würziges Bier, das zum herzhaften Steak gut paßt. Molson Canadian oder Labatt's Blue gibt es überall im Land, Spezialbiere wie Moosehead nur in manchen Regionen. Auch Wein wird in den meisten Restaurants serviert, in den kleineren Lokalen Québecs ohne Alkohollizenz kann man ihn auch selbst mitbringen. Auf der Karte stehen häufig gute Tropfen aus Kalifornien und Frankreich, doch es lohnt sich durchaus, den heimischen Wein aus dem Okanagan-Tal oder von der Niagara-Halbinsel zu probieren.

Wer höherprozentige Getränke möchte, kann auf den exzellenten kanadischen Whiskey zurückgreifen, der entweder auf Eis *(on the rocks)* oder wie auch Rum oder Gin in vielerlei Mixgetränken serviert wird.

Neben den üblichen Hotelbars gibt es viele rustikale Bars mit Pooltisch und langem Tresen. Oft ist das der beste Platz, um *locals,* Einheimische, kennenzulernen. Eine kanadische Besonderheit ist das *cabaret:* kein Kabarett, wie man erwarten möchte, sondern eine größere Bar, in der häufig am Wochenende eine Band Country & Western-Musik spielt.

21

Shopping satt in Malls und Märkten

Riesige Einkaufszentren und bunte Ladenstraßen prägen das Bild der Städte – Kanada ist ein Shoppingparadies

Kanada, das Land der Wildnis und der Wälder, als Ziel für eine Einkaufstour zu sehen ist eine recht neue Entwicklung. Doch der noch immer sehr günstige Kurs des kanadischen Dollars macht's möglich. Auch wer zum Kanufahren kommt, wird bei einem Stadtbummel zu Anfang oder Ende der Reise plötzlich feststellen, wie günstig hier doch alles ist – und in einen Kaufrausch verfallen. Zum Glück hat man ja die Kreditkarte dabei!

Vor allem Freizeitkleidung, Jeans, Sportschuhe und Sportartikel kosten weniger als in Europa. Aber auch CDs, Kunsthandwerk, Modeschmuck und sogar Mode von Markendesignern sind häufig preiswerter als in Europa. Und bei den fast ständig angepriesenen Schlußverkäufen der großen Ladenketten und Einkaufszentren lassen sich oft so manche Schnäppchen entdecken.

Riesige Shopping-Malls mit einigen hundert Läden, elegante Kaufhäuser und Boutiquen finden Sie in allen größeren Städten,

Das Eaton Centre in Toronto, eine riesige Shopping-Mall

etwa entlang der Yonge Street und im Nobelviertel Yorkville in Toronto oder entlang der Rue Ste-Catherine in Montréal. Um dem bitterkalten Winterwetter zu entkommen, haben sich die Kanadier sogar ganze Shoppinglandschaften unter Dach gebaut, wie z. B. die Ville Souterraine in Montréal, die mit rund 30 km Passagen mehrere große Shopping-Malls mit gut 1700 Läden unterirdisch vernetzt. Einige der sehr innovativ gestalteten neuen Malls wie etwa die Place de la Cathédrale Montréals oder der BCE Place Torontos sind allein schon wegen ihrer Architektur den Besuch wert.

Dies bedeutet jedoch nicht, daß man auch im Sommer drinnen in den Konsumtempeln bleiben muß. Zum städtebaulichen Trend der letzten Jahrzehnte wurde das Renovieren der heruntergekommenen alten Hafenviertel: So hat man etwa die Historic Properties im alten Hafen von Halifax oder auch die Waterfront von Toronto zu schicken, sehr beliebten Shopping- und Flanierbezirken mit Kunstgalerien und Straßencafés hochgepäppelt.

Im Hinterland, abseits der Metropolen, nimmt das Einkaufsangebot meist sehr schnell ab. Ein kleiner Lebensmittelladen *(general store),* der auch Schuhe, Motorsägen und Spaten verkauft, muß in vielen kleinen Orten des Nordens für alle Wünsche ausreichen. Es lohnt sich daher, vor einer längeren Tour über Land den Camper mit Lebensmitteln und Ausrüstung vollzupacken. Je weiter Sie nach Norden kommen, desto teurer werden alle Einkäufe des täglichen Bedarfs. Ausreichend Filmmaterial sollten Sie am besten schon von zu Hause mitbringen.

Beliebte Souvenirs

Was sind nun die besten Mitbringsel? Keine Nippes, auf denen dann unten steht »Made in Hongkong«, sondern typische Erzeugnisse aus Kanada? Nun, in jedem Supermarkt bekommen Sie das für Kanada wohl berühmteste Mitbringsel: *maple sirup.* Der eingedickte süße Saft der Ahornbäume stammt meist aus den Laubwäldern Québecs und gehört überall in Kanada zu jedem zünftigen *pancake*-Frühstück dazu.

Beliebte – und schmackhafte – Mitbringsel sind auch andere Produkte des Landes: Wein oder Marmelade von der Niagara-Halbinsel zum Beispiel, tiefgefrorener Hummer vom Atlantik, Blaubeergelee vom Lac St-Jean, Honig von der Île d'Orléans, wilder Reis aus dem Norden Ontarios oder Würste von den Mennoniten bei Kitchener.

In den Küstenorten der Atlantikprovinzen gibt es neben hochwertigem Segelzubehör für Yachtfreunde die schönen handgestrickten Pullover aus Neufundland und allerlei Kunsthandwerk aus Holz, Ton und Keramik. Auch weiter im Inland blühen die *arts and crafts:* Jeder Ort, der auf sich hält, richtet im Sommer einen Craft Fair aus, und ein Städtchen wie St-Jean-Port-Joli am Unterlauf des St.

Mit Stachelschweinborsten verzierte Körbchen: indianische Kunst in Perfektion

Lawrence in Québec hat sich gar gänzlich dem Holzschnitzen verschrieben. Doch hier heißt es auch, Vorsicht walten zu lassen: Viele der Aquarelle, Ölgemälde und Holzschnitzereien sind leider recht kitschige Massenware mit klischeehaften Landszenen und Bergpanoramen.

Auch wenn der Wilde Westen von Ostkanada weit entfernt liegt – die Westernkultur blüht selbst hier, und Souvenirs wie silberne Gürtelschnallen oder Cowboystiefel werden in zahlreichen Läden angeboten. Überall im Norden gibt es auch die typischen großkarierten Holzfällerhemden, die schon während der Reise als stichfester Schutz vor Moskitos gute Dienste leisten können.

Kunst der Ureinwohner

Zu den schönsten – und leider auch teuersten – Andenken gehören die kunsthandwerklichen Produkte der Indianer und Inuit (Eskimos). Die Algonquin-, Iroquois- und Ojibwa-Stämme Ostkandas fertigen in alter Tradition sehr schöne, mit Stachelschweinborsten verzierte geflochtene Körbe, perlenbestickte Lederjacken und Mokassins aus Elchleder. Sehr beliebt und typisch für die Region sind auch kleine Schachteln und Körbe aus geformter Birkenrinde. Totempfähle dagegen sind – auch wenn man sie häufig in den Läden sieht – für den Osten Kanadas nicht repräsentativ. Sie wurden und werden nur von den Indianern der West Coast hergestellt.

Die Inuit der Arktis sind berühmt für ihre Skulpturen aus Speckstein, die auch in renommierten Galerien in Montréal, Toronto oder Ottawa zu erwer-

ben sind (Preise ab ca. $ 300). Preiswerter als die Skulpturen und ebenfalls sehr typische Andenken sind die Kunstdrucke der Inuit, wie sie etwa in Cape Dorset oder Pangnirtung hergestellt werden.

Und noch ein Tip: Kunsthandwerk der Ureinwohner kauft man am besten und sichersten direkt in den Reservaten, in den ausgewiesenen Kunstgalerien oder in den oft ausgezeichneten Läden der Museen in Montréal oder Ottawa.

Maße und Öffnungszeiten

Zwar hat sich Kanada schon vor Jahren auf das metrische Maß umgestellt, doch gerade bei Kleidung und Schuhen findet man häufig die amerikanischen Größen angegeben – nicht zuletzt, weil die Produkte vielfach aus den USA kommen. T-Shirts und Holzfällerhemden gibt es meist nur in den Größen *small, medium, large* und *X-large*. Da ist die Wahl noch leicht. Bei Konfektionskleidern oder -hosen heißt es genauer aufpassen. Bei den Damen entspricht die US-Größe 4 der deutschen 34, 6 = 36, 8 = 38, 10 = 40 usw. Bei den Herren ist es ähnlich: US-Größe 36 entspricht 46, 38 = 48, 40 = 50 usw. Im Zweifel kann man immer fragen und eine der (allgemein sehr freundlichen) Verkäuferinnen das Maßband anlegen lassen.

Während die meisten Läden in den Städten gegen 18 Uhr schließen, sind Lebensmittelläden und die kleinen *stores* der Tankstellen bis weit in die Nacht oder sogar rund um die Uhr geöffnet.

Kleinigkeiten wie Postkarten, Zeitungen etc. bekommen Sie in den *convenience stores* der Hotels zwischen 7 und 21 Uhr.

Jazzfestivals und Hummerfeste

Der Sommer ist die Hochzeit der Festivals, doch die Kanadier feiern auch in winterlicher Eiseskälte

Neben den großen Festivals feiern die Kanadier vor allem im Sommer und Herbst unzählige kleinere Feste. Jede ethnische Gruppe, jedes Dorf hat eigene Anlässe: indianische Powwows (Tanzfeste) in Ontario, Pioniertage im Gedenken an die ersten Einwanderer in Québec, Hummerfeste, Folklore- und Musikfestivals in den Provinzen am Atlantik. Erkundigen Sie sich vor Ort im Visitor Centre, wo am nächsten Wochenende gefeiert wird. Den ganzen Sommer über laufen in Ontario das hervorragende *Shakespeare Festival* in Stratford und das *Shaw Festival* in Niagara-on-the-Lake.

Kirchliche Feiertage fallen in Kanada nicht sehr ins Gewicht, in den Städten sind sogar viele Läden geöffnet und bieten Sonderverkäufe an. Die staatlichen Feiertage werden traditionell auf einen Montag gelegt, so daß ein langes Wochenende entsteht – Anlaß für viele Kanadier, einen Kurzurlaub einzulegen. In den beliebten Ferienregionen wie

Québec Carnaval: Bootsrennen durch das Packeis des St. Lawrence

etwa in Niagara Falls oder in den Laurentides von Québec sind Campingplätze und Hotels dann oft voll belegt. Zwei dieser verlängerten Wochenenden begrenzen die sommerliche Reisesaison: Der *Victoria Day* Ende Mai markiert den Anfang der Sommersaison, mit dem Wochenende des *Labour Day* zu Anfang September endet sie.

OFFIZIELLE FEIERTAGE

An den folgenden Tagen sind Banken, Schulen, Postämter und viele Museen geschlossen:

1. Januar *Neujahrstag*
Karfreitag und *Ostermontag*
Montag vor dem 25. Mai *Victoria Day, Jour de la Reine*
24. Juni *Johannistag* (Nationalfeiertag in Québec)
1. Juli *Canada Day, Fête du Canada* (Nationalfeiertag)
1. Montag im August *Provinzfeiertag* (außer Québec und Neufundland)
1. Montag im September *Labour Day, Fête du travail* (Tag der Arbeit)
2. Montag im Oktober *Thanksgiving, Action de grâce* (Erntedankfest)

Selbst bei Eiseskälte treibt karnevalistischer Frohsinn seine Blüten

11. November *Remembrance Day* (Heldengedenktag)
25./26. Dezember *Weihnachten*

FESTE UND FESTIVALS

Februar
★ Québec City: *Carnaval.* Die Stadt spielt verrückt. Große Kostümparade und Bootsrennen auf dem teilweise zugefrorenen St. Lawrence. Meist 1. Monatshälfte

Ottawa: *Winterlude.* Schlittschuhfest auf dem Rideau-Kanal mit herrlichen Eisskulpturen und Schlittenhunderennen. 2. Woche

Mai
★ Ottawa: *Canadian Tulip Festival.* Die Hauptstadt zeigt sich Mitte Mai von ihrer schönsten Seite: mit Konzerten, Paraden und einer sagenhaften Blütenpracht.

Juni
Toronto: *International Caravan.* Die 70 Einwanderergruppen der Stadt feiern Mitte des Monats mit Straßenküchen und Musik. Ende Juni: *Downtown Jazz Festival*

Juli
❂ *Canada Day.* Am 1. Juli werden in fast allen Orten Kanadas Picknicks, Paraden und Straßenfeste veranstaltet.

Halifax: Parade und Konzerte mit schottischer Musik beim *International Tattoo.* 1. Woche

★ Montréal: Zum *International Jazz Festival* Anfang des Monats kommen mehr als 1000 Künstler aus aller Welt.

❂ Antigonish: *Highland Games.* Die Schotten Nova Scotias laden am zweiten Juliwochenende zu Dudelsackmusik und Baumstammwerfen ein.

Montréal: 10 Tage lang sind beim *Lachfestival (Juste pour Rire)* Mitte des Monats die besten Komiker, Clowns und Pantomimen der Welt zu erleben.

Rollo Bay/P.E.I.: Zum *Rollo Bay Fiddle Festival* kommen Folk-Fiddler aus ganz Nordamerika. Open-air-Konzerte und traditionelle Tänze. Mitte des Monats

Québec City: *Festival d'été.* Zwei Wochen lang Theater und Konzerte – kurz: das größte französischsprachige Kulturereignis in Nordamerika.

★ Shediac: Sechs Tage dreht sich Mitte des Monats beim *Lobster Festival* alles um das köstliche Krustentier.

◈ Toronto: Bei der *Caribana* in der letzten Juli- und ersten Augustwoche feiern die karibischen Einwanderer ihren farbenprächtigen Karneval.

August

P.E.I.: *Tyne Valley Oyster Festival.* Fünf schlemmerische Festtage zu Ehren der Auster.

★ Manitoulin Island: *Wikwemikong Indian Powwow* mit Musik und Tänzen der Ojibwa und Gastgruppen aus vielen Stämmen Kanadas.

Gananoque: Der St.-Lawrence-Strom bildet die Kulisse für das *Festival of the Islands.* Konzerte, Jahrmarkt und eine historische Bootsparade. 2. Woche

Caraquet: Die Frankokanadier der Atlantikprovinzen feiern beim *Festival Acadien* ihre reiche Geschichte. 1. Monatshälfte

Toronto: *Canadian National Exhibition.* Kanadas größter Jahrmarkt. 2. Monatshälfte

September

Trois-Rivières: Am ersten Wochenende traditionelles *Kanurennen* über eine Distanz von 193 km.

Toronto: Beim *International Film Festival* werden alljährlich rund 300 Filme aus rund 50 Ländern der Welt vorgestellt. Mitte des Monats

St. Catharines: *Niagara Grape and Wine Festival.* Erntedankfest mit Weinprobe. Mitte des Monats

Oktober

Montréal: Innovative junge Tanzgruppen aus ganz Nordamerika treten beim *International Festival of New Dance* auf. 1. Monatshälfte

★ Kitchener: *Oktoberfest.* Die deutschen Einwanderer richten das größte Bierereignis Nordamerikas aus – mit originaler Blasmusik aus Bayern und Wahl der Miss Oktoberfest. 2. Woche

MARCO POLO TIPS FÜR FESTE

1 Québec Carnaval
Karneval auf kanadisch: bei minus 30 Grad
(Seite 28)

2 Montréal International Jazz Festival
Das älteste und beste Jazzfest Kanadas (Seite 28)

3 Canadian Tulip Festival
Drei Millionen Tulpen – ein Spektakel sondergleichen in Ottawa (Seite 28)

4 Oktoberfest
Kanadas Antwort auf die Münchner Gemütlichkeit in Kitchener (Seite 29)

5 Shediac Lobster Festival
Sechs Tage Hummer satt in Shediac (Seite 29)

6 Wikwemikong Indian Powwow
Traditionelles Tanzfest der Ojibwa-Indianer auf Manitoulin Island (Seite 29)

Die Nummer eins im Land

*Die Metropole am Lake Ontario gibt sich heute
ganz als Weltstadt*

Die Einwanderer haben Toronto (**122/C5**) gerettet. Noch vor 40 Jahren galt die Hauptstadt Ontarios als verschlafene und langweilige Provinzstadt – durch und durch weiß, angelsächsisch und protestantisch. Erst die großen Einwanderungswellen nach dem Zweiten Weltkrieg ließen die Bevölkerung auf heute

*Torontos Bankenviertel trumpft
mit turmhohen Palästen auf*

gut 4,3 Mio. Ew. anschwellen und verwandelten Toronto in eine moderne und lebenslustige Weltstadt.

Im Zentrum der Stadt drängen sich die spiegelnden Glastürme der Hochfinanz und der internationalen Gesellschaften. Ringsum dehnt sich ein Mosaik aus zahllosen ethnischen Vierteln, dessen bunte Mixtur sich in der trubeligen Chinatown, auf den portugiesischen Märkten, in den griechischen Tavernen und

---

Hotel- und Restaurantpreise

Hotels

Kategorie 1: Hotels und Lodges über 160 kan $

Kategorie 2: gute Hotels und Motels unter 160 kan $

Kategorie 3: einfache Motels unter 80 kan $

Die Preise gelten für zwei Personen im Doppelzimmer. Einzelzimmer sind in Kanada genauso wie in den Vereinigten Staaten meist nur unwesentlich billiger. Kinder schlafen im Zimmer mit den Eltern meist kostenlos.

Restaurants

Kategorie 1: über 40 kan $

Kategorie 2: unter 40 kan $

Kategorie 3: unter 25 kan $

Die Preise gelten für ein Abendessen mit Suppe oder Vorspeise, Hauptgericht und Dessert.

Abkürzungen

Av.	Avenue
Bd.	Boulevard
Hwy.	Highway
Rd.	Road
St.	Street, Saint (engl.)
St, Ste	Saint, Sainte (franz.)

karibischen Clubs besonders farbig zeigt. Toronto wird seinem indianischen Namen, der »Sammelplatz« bedeutet, gerecht. Es gibt heute keine Bevölkerungsmehrheit mehr in der Stadt, sondern nur mehrere Minderheiten. Nur noch rund 30 Prozent der Einwohner sind angelsächsischer Herkunft.

Handel und Geschäfte florierten schon im 19. Jh. in Toronto, das aber lange die zweite Geige im Land spielte. Montréal weiter östlich am St. Lawrence war die wichtigste Stadt Kanadas. Erst nach dem Zweiten Weltkrieg setzte Toronto zur Aufholjagd an: Über den 1959 fertiggestellten St. Lawrence Seaway konnten ozeangängige Frachter bis zum Hafen von Toronto fahren, Einwanderer strömten in die Stadt, und in den 70er Jahren siedelten viele Firmen – verschreckt durch die Sezessionsdrohungen der Québecer – von Montréal nach Toronto um.

1980 war es schließlich soweit: Toronto überflügelte Montréal in der Einwohnerzahl und wurde zur größten und mächtigsten Stadt Kanadas, zum wirtschaftlichen Motor des gesamten Landes. Ein Überbleibsel aus braven Provinzzeiten ist Toronto allerdings noch geblieben: Die Stadt ist im Vergleich zu den großen amerikanischen Städten verblüffend sauber und sicher. Und die Luftqualität ist nach einer recht neuen Untersuchung die beste unter den 200 größten Metropolen der Welt.

Toronto ist heute der wirtschaftliche und kulturelle Nabel des Landes. Gut 20 Prozent aller Waren, die in Kanada hergestellt werden, kommen von hier. Aber es gibt hier auch mehr Theater und Buchverlage als in jeder anderen Stadt Kanadas. Nationalballett und -oper sowie das Toronto Symphony Orchestra sind hier zu Hause. Und für Musicals ist die Stadt gleich nach New York das beste Ziel in Nordamerika.

BESICHTIGUNGEN

Der *Nathan Phillips Square* im Herzen der Innenstadt ist der beste Ausgangspunkt für Besichtigungen. Hier steht hinter plätschernden Brunnen das 1965 vom finnischen Architekten Viljo Revell erbaute neue *Rathaus* Torontos. Auf der Ostseite grenzen das alte Rathaus von 1899 und das schicke Einkaufszentrum *Eaton Centre* an. Vor dem Platz verläuft die *Queen Street* nach Westen, ebenso wie die hinter dem Eaton Centre nach Norden führende *Yonge Street* eine beliebte Einkaufs- und Restaurantstraße. Zum Einkaufen gehen die Torontoer auch gerne unter die Erde: In den mehr als 1000 Läden der langen Passagen und Malls der *Underground City* südlich des Platzes bleibt kaum ein Wunsch offen.

Im Sommer bleibt man als Besucher jedoch lieber oberirdisch und bummelt auf der Bay Street hinab zum Hafen. Diese Straße ist die »Wall Street Kanadas«, wie die ultramodernen Paläste der Banken deutlich vor Augen führen. Die *Royal Bank* an der Ecke Wellington Street zeigt ihren Reichtum: In die spiegelnden Fenster der beiden Bürotürme sind 2500 Unzen Gold eingeschmolzen. Der modernste Prachtbau der Innenstadt erhebt sich gleich gegenüber: Im 1993

MARCO POLO TIPS FÜR TORONTO

1 Art Gallery of Ontario
Ein Mekka für Fans von
Henry Moore (Seite 34)

2 CN Tower
Spektakulärer Blick vom
höchsten Turm der Welt
(Seite 33)

3 Eaton Centre
Kulisse für den Kaufrausch:
ein Shoppingzentrum mit
350 Läden (Seite 36)

4 Holiday Inn on King
Preisgünstig und mit tollem
Blick. Nightlife gleich
nebenan (Seite 37)

5 Ein Abend im Musical
Die besten Musical-
produktionen außerhalb
von New York (Seite 37)

6 St. Lawrence Market
Spezialität aus Ontario:
Bacon on a Bun (Seite 36)

eröffneten *BCE Place* vereint die vom spanischen Architekten Santiago Calatrava entworfene *Galleria* historische Elemente mit avantgardistischem Design.

Südlich davon liegt am Ufer des Lake Ontario die *Harbourfront,* die in den letzten zehn Jahren mit Yachthäfen, Terrassen, Einkaufskomplexen und Hotels ausgebaut wurde. Neuerdings ist am Queens Quay sogar das große Schiffahrtsmuseum *The Pier* eingezogen. Zwischen Queens Quay Terminal und Pier 4 drängelt sich am Wochenende halb Toronto. Straßenkünstler und Musikgruppen treten auf, die Freizeitkapitäne führen ihre Boote vor, und die Vielvölkerstadt zeigt sich von ihrer besten Seite.

The Beaches
Legeres, jugendliches Strand- und Wohnviertel mit Promenade am Seeufer. Boutiquen und Restaurants an der Queen St. E.

Casa Loma
Torontos einziges »Schloß« baute sich 1911 der Bankier Henry Pellatt als Wohnhaus – bis ihn die Unterhaltskosten, die der Palast erforderte, in den Ruin trieben. *1 Austin Terrace, tgl. 9.30–16 Uhr, Eintritt $ 8*

Chinatown
Im Viertel um die Kreuzung von Dundas St. und Spadina Av. finden Sie die besten Chinalokale und exotischen Läden.

CN Tower
★ ✈ Über 100 km reicht der Blick vom höchsten freistehenden Turm der Welt (553,33 m); Die Aussichtsplattform liegt in 447 m Höhe – das Drehrestaurant und der Nachtclub immerhin noch auf 354 m. Im Fuß des Turms lädt die Flugsimulatorattraktion *Cosmic Pinball* zu einer atemberaubenden Fahrt ein (Eintritt $ 9). Gleich neben dem CN-Tower erhebt sich das 60000 Zuschauer fassende Stadion *Sky Dome* (Führungen), dessen 3000 t schweres Dach in nur 20 Minuten geöffnet oder geschlossen werden kann. *301 Front St. W, tgl. 8–23 Uhr, Eintritt $ 13*

Fort York

In den Blockhütten des 1793 errichteten Palisadenforts erläutern Soldaten in originaler Uniform die Lebensweise in der früheren Garnison. *Garrison Rd., Di–Sa 9.30 bis 17, So ab 12 Uhr, Eintritt $ 5*

Ontario Place

Großer Vergnügungspark mit Gartenanlagen auf drei künstlichen Inseln im Lake Ontario. Marinemuseum und Imax-Kino. Viele Attraktionen für Kinder. *955 Lakeshore Bd. W, Mitte Mai bis Anfang Sept. tgl. 10–24 Uhr, Eintritt 10 $*

Toronto Islands

Schöne Parks und Strände locken zum Ausflug auf die kleine Inselgruppe etwa 3 km von der Harbourfront im Lake Ontario. *Fährverbindung vom Fuß der Bay St. aus*

MUSEEN

Art Gallery of Ontario

★ Internationale Kunst vom Feinsten wird in den rund 50 Räumen des Museums ausgestellt. Besonders sehenswert ist das *Henry Moore Sculpture Centre*, das die weltweit größte Sammlung von Moore-Skulpturen besitzt. *317 Dundas St. W, Di–Fr 12 bis 21, Sa/So 10–17.30 Uhr, im Winter Di geschl., Eintritt $ 5*

Bata Shoe Museum

Nordamerikas einziges Schuhmuseum – in einem Bau, der die Form einer Schuhschachtel hat. Zu sehen ist jede Art der Fußbekleidung von altägyptischen Sandalen bis zu Elton Johns Showstiefeln. *327 Bloor St. W, Di–Sa 10–17, Do bis 20 Uhr, Eintritt $ 6*

Ontario Science Centre

Großes Technikmuseum mit vielen verblüffenden Experimenten, die man selbst ausprobieren kann. Besonders interessant: ein dampfender Regenwald. *North York, 770 Don Mills Rd., tgl. 10 bis 17 Uhr, Eintritt $ 8*

Royal Ontario Museum

Das beste und größte Museum der Stadt: umfassende Sammlungen zu Archäologie, Paläontologie und chinesischer Kunst. Große Sonderausstellungen. Angeschlossen ist das *George R. Gardiner Museum of Ceramic Art*, das eine wirklich ausgezeichnete Sammlung von Majoliken besitzt. *100 Queens Park, tgl. 10 bis 18, Di bis 20, So ab 11 Uhr, Eintritt $ 10*

RESTAURANTS

Alice Fazooli's

♯ Trendlokal mit italienischer Küche und großer Szenebar. *294 Adelaide St., Tel. 416/979-19 10, Kategorie 2*

Ed's Warehouse

Eine Institution, vollgestopft mit Kitsch und Kunst. Gute Steaks. Jackettzwang. *270 King St. W, Tel. 416/593-66 72, Kategorie 2*

Kit Kat

Witziges italienisches Lokal, klein und voll, aber mit hübschem Innenhof. *297 King St. W, Tel. 416/977-44 61, Kategorie 2*

Montana

❂ Großes Szenelokal mit Wildwestdekor. Poolbar mit Terrasse. Sonntagsbrunch für alle, die gesehen werden wollen. *145 John St., Tel. 416/595-59 49, Kategorie 2–3*

Toronto

500 m

New Pacific Restaurant

Exzellente kantonesische Küche mitten in Chinatown. Gutes Dimsum zu Mittag. *421 Dundas St. W, Tel. 416/591-87 87, Kategorie 3*

Scaramouche Restaurant

Ausgezeichnete französische Küche mit ✺ Blick über die Stadt. Nur zum Dinner geöffnet. Reservierung ist unbedingt nötig! *1 Benvenuto Place, Tel. 416/961-80 11, Kategorie 1*

EINKAUFEN

Bloor, Yonge und Queen Street sind die wichtigsten Einkaufsstraßen der Innenstadt. Den eleganten Schaufensterbummel sollten Sie im Trendviertel Yorkville unternehmen, z. B. in den Hazelton Lanes und entlang der Yorkville Avenue. Buntes Markttreiben mit griechischen, jüdischen und portugiesischen Händlern erwartet Sie auf dem ❂ Kensington Market.

Eaton Centre

★ Der schönste und beliebteste Konsumtempel der Stadt: eine dreistöckige Einkaufspassage mit zwei Kaufhäusern, rund 350 Läden und einer Schneegänseskulptur von Michael Snow. *Yonge St. zwischen Dundas St. und Queen St.*

St. Lawrence Market

★ Seit 1803 ist hier am Samstag Markttag. Dazu kommen die Bauern aus dem Umland mit ihrem Gemüse. Die Metzgereien, Fischläden und Bäckereien im Südteil des Marktgebäudes sind auch werktags geöffnet – und *Bacon on a Bun* zum Frühstück ist hier Tradition. Unbedingt probieren! *Front St./Jarvis St.*

HOTELS

Bond Place

Einfach und sauber. Nahe dem Eaton Centre. *286 Zi., 65 Dundas St. E, Tel. 416/362-60 61, Fax 360-64 06, Kategorie 2*

Für den Einkaufsbummel ist das Trendviertel Yorkville ein Muß

Holiday Inn on King

★ Topmodernes, futuristisch gestyltes Turmhotel in bester Lage zur Innenstadt und zum Nachtleben. Herrlicher ⋙ Blick aus den oberen Stockwerken. Hervorragendes japanisches Restaurant im Haus. *426 Zi., 370 King St. W, Tel. 416/599-40 00, Fax 599-73 94, Kategorie 2*

Royal York

Prunkvolles renoviertes historisches Schloßhotel im Herzen der Innenstadt. *1365 Zi., 100 Front St. W, Tel. 416/368-25 11, Fax 368-90 40, Kategorie 1–2*

Toronto Bed & Breakfast

Verläßliche Agentur für Privatquartiere. *253 College St., Tel. 416/588-88 00, Fax 927-08 37, Kategorie 2–3*

AM ABEND

Konzerte können Sie in der *Roy Thompson Hall (Tel. 872-42 55)* hören, Opern und Ballettaufführungen im *Hummingbird Centre for the Performing Arts (Tel. 345-95 95)* sehen. Dazu laufen in den Theatern des Westend zahlreiche ★ Musicals, die denen in New York in nichts nachstehen. Derzeit die Renner: »Ragtime«, »Rent« und »Phantom of the Opera«.

Das schicke Yorkville, die King Street sowie vor allem die Queen Street westlich der City Hall und östlich im Beaches-Viertel sind die beliebtesten Reviere für Bargänger und Musikfans. Beliebte Pubs: ⚲ *The Annex (14 Madison Av.), Pauper's (539 Bloor St. W)* und ✪ *Liberty Street Cafe (25 Liberty St.)*. Oldies sind im *Studebaker's (150 Pearl St.)* zu hören. Im *Bamboo Club (312 Queen St. W)* gibt es Reggae und Blues, Jazz bieten das *Judy Jazz (370 King St. W)* im Holiday Inn und das flippige Thailokal *Rivoli (332 Queen St. W)*. Gute Rockbands treten oft in der *Horseshoe Tavern (368 Queen St. W)* auf.

T. O. Tix

Ticketagentur, die für denselben Abend Eintrittskarten zum halben Preis verkauft. *Kiosk vor dem Eaton Centre an der Ecke Yonge/Dundas St., Di–Sa 12–19.30, So 11–15 Uhr, Tel. 416/536-64 68*

AUSKUNFT

Toronto Visitors Association

207 Queen's Quay W, Toronto, ON M5J 1A7, Tel. 416/203-25 00, Fax 203-67 53

ZIELE IN DER UMGEBUNG

Black Creek
Pioneer Village   (122/C 5)

Das Museumsdorf im Norden der Stadt nahe dem Hwy. 400 zeigt das Pionierleben zur Mitte des 19. Jhs. Der restaurierte Hof im Zentrum der großen Anlage gehörte ursprünglich einer deutschen Familie. *Jane St./Steeles Av. W, im Sommer tgl. 10–17 Uhr, im Winter nur Sa/So, Eintritt $ 9*

McMichael
Canadian Art Collection   (122/C 5)

Das Kunstmuseum in einer 40 ha großen Parkanlage bei Kleinburg rund 40 km nördlich von Toronto besitzt eine der herausragenden Sammlungen kanadischer Gemälde und Kunst der Ureinwohner. Besonderen Raum nehmen die berühmten Landschaftsgemälde der Group of Seven ein. *10365 Islington Av., tgl. 10–17, im Winter Di–So 10–16 Uhr, Eintritt $ 7*

Land der tausend Seen

*Städte und Kulturlandschaften, Wildnis und Wälder –
Ontario bietet alles*

Ontario – glitzerndes Wasser: So nannten die Indianer die gewaltige Region zwischen den Großen Seen und der Hudson Bay. Ontario ist das klassische Kanada der Granitkuppen und ungezählten Seen, der herbstfarbenen Wälder und schmucken Farmstädtchen. Es ist ein Ferienland mit alten Festungen und Forts an den ehemaligen Kanurouten der Pelzhändler und mit feinsandigen Stränden an den Ufern von Lake Ontario, Lake Erie und Lake Huron – und mit der berühmtesten Attraktion Nordamerikas, den Niagarafällen.

Ontario, mit rund 1 Mio. qkm Fläche hinter Québec die zweitgrößte Provinz Kanadas, gilt als die reichste Region, als wirtschaftlicher Motor des ganzen Landes. Gewaltige Vorkommen von Bodenschätzen liegen im harten Fels des Kanadischen Schilds im hohen Norden. Das milde, sonnige Klima im Süden begünstigt die Landwirtschaft, auf der Niagara-Halbinsel breiten sich Obstplantagen und Weingärten aus.

Der weitaus größte Teil der 11 Mio. Ew. – mehr als ein Drittel der Gesamtbevölkerung Kanadas – lebt im Süden der Provinz. Allein die Hälfte aller Ontarians wohnt und arbeitet im Großraum der Metropolen Toronto und Hamilton am Westrand des Lake Ontario. Die Menschen sind zumeist Nachfahren der britischen Einwanderer, doch im Osten der Provinz leben auch zahlreiche Frankokanadier. Rings um Kitchener – das vor dem Ersten Weltkrieg noch Berlin hieß – haben sich verstärkt die Deutschen niedergelassen.

Im Süden Ontarios liegen auch die wichtigsten Städte: die Vier-Millionen-Metropole Toronto, die Industriestädte Hamilton und Windsor und die gepflegte Bundeshauptstadt Ottawa. Der riesige, nur dünn besiedelte Norden ist nach wie vor die Domäne der Holzfäller und Bergleute, der Jäger und Angler.

ALGONQUIN PROVINCIAL PARK

(123/D 1–3) ★ Der älteste Naturpark Ontarios ist sehr gut zu-

Einer der vielen Seen Ontarios

gänglich und gehört zu den herausragenden Parks des Landes: über 7600 qkm dehnen sich Wälder und Seen, die Heimat von Elchen, Bären und Bibern. Zahlreiche kurze Lehrpfade erschließen vom Hwy. 60 aus die typischen Vegetationszonen im Park. 1600 km Kanu-Wanderrouten führen ins einsame Hinterland. Im Visitor Centre am Hwy. 60, dem auch ein Museum angeschlossen ist, bekommt man Karten für Wanderungen und Kanutouren.

TOUREN

Algonquin Outfitters
Vermietung von Kanus und Ausrüstung. Geführte Touren. *R. R. 1, Oxtongue Lake, Dwight, ON P0A 1H0, Tel. 705/635-22 43, Fax 635-18 34*

HOTELS

Algonquin Lakeside Inn
Gepflegtes kleines Hotel am Ufer des Oxtongue Lake am Westeingang des Parks. *28 Zi.,* *Hwy. 60, Dwight, Tel. 705/635-24 34, Fax 635-37 37, Kategorie 2*

Arowhon Pines
Gepflegtes Ferienhotel mit eigenem See und vielen Sportmöglichkeiten. *46 Zi., Algonquin Park, Tel. 705/633-56 61, Fax 633-57 95, Kategorie 1*

KINGSTON

(**123/F 4**) Die alte Garnisonstadt (56 000 Ew.), strategisch günstig am Abfluß des St. Lawrence aus dem Lake Ontario gelegen, hat durch mehrere Colleges heute eine entschieden jugendliche Bevölkerung. Die Queens University ist eine der renommierten Hochschulen des Landes. Trotzdem pflegt die im Jahr 1673 als Pelzhandelsposten gegründete Stadt ihre Geschichte: In *Old Fort Henry*, einer trutzigen Festung über dem Strom, zeigt ein Militärmuseum die Rolle Kingstons während des Kriegs von 1812. Im Sommer exerziert die Garde (Studenten des nahen Mi-

MARCO POLO TIPS FÜR ONTARIO

1 Algonquin Provincial Park
Seen und Wälder in Ontarios schönstem Park (Seite 39)

2 Canadian Museum of Civilization
Schätze aus allen Regionen Kanadas und die schönsten Totempfähle des Landes (Seite 46)

3 Maid of the Mist
Die Niagara-Fälle von unten (Seite 44)

4 Mennonite Country
Entzückend altmodisches Bauernland um Kitchener (Seite 42)

5 Old Fort William
Zeitreise in die Welt der Trapper und Indianer (Seite 49)

6 Sainte-Marie among the Hurons
Das Leben der Indianer und Missionare im 17. Jh. (Seite 43)

Kingston: In Old Fort Henry wird alte Militärroutine nachgespielt

litärkollegs) in farbenprächtigen Uniformen. *(Täglich um 14 Uhr ist Parade)*

HOTEL

Hochelaga Inn
Kleine Pension in herrlich renoviertem Altstadthaus. *23 Zi., 24 Sydenham St., Tel. und Fax 613/549-55 34, Kategorie 2*

TOUREN

Island Queen
Dreistündige Bootstouren ins Insellabyrinth der Thousand Islands im St. Lawrence. *Abfahrten tgl. am Crawford Dock, Tel. 613/549-55 44, Fahrpreis $ 16,80*

AUSKUNFT

Kingston Visitors Bureau
209 Ontario St., Kingston, ON K7L 2Z1, Tel. 613/548-44 15, Fax 548-45 49

KITCHENER/ WATERLOO

(122/B 5) Auf der Speisekarte vieler Restaurants stehen Schnitzel und Sauerkraut, Maibaum und Glockenspiel zieren die Hauptstraße, und die Metzger und Bäcker auf dem Farmers Market bieten Würste und Schwarzbrot an. Kein Zweifel, die geschäftige Doppelstadt (385 000 Ew.), die heute vor allem als Sitz von zahlreichen Versicherungsgesellschaften bekannt ist, verleugnet ihre Herkunft nicht. Die Region um Kitchener, das bis zum Ersten Weltkrieg noch Berlin hieß, ist das wichtigste Siedlungsgebiet der Deutschen in Kanada. Heute ist Englisch längst die vorherrschende Sprache, doch jeden Herbst erinnern sich die Nachkommen der Einwanderer an ihren urdeutschen Bierdurst und feiern ein großes Oktoberfest.

Mennoniten versagen sich alle Errungenschaften modernen Lebens

MUSEEN

Joseph Schneider Haus

Ein renoviertes Pionierhaus von 1850, das die Lebensweise der sogenannten Pennsylvania Dutch dokumentiert, der mennonitischen Einwanderer im 19. Jh. *466 Queen St. S, im Sommer tgl. 10–17, So ab 13 Uhr, im Winter Mo/Di geschl., Eintritt $ 2,25*

The Seagram Museum

Ein Muß für jeden passionierten Trinker: In einer Schnapsdestille aus dem 19. Jh. zeigt das Museum der kanadischen Whiskeyfirma die Geschichte des Alkohols. *57 Erb St., tgl. 10–18 Uhr, im Winter Mo geschl., Eintritt frei*

HOTELS

Elora Mill Country Inn

Gemütlicher Landgasthof in einer alten Mühle etwas außerhalb von Kitchener. Viele der 32 Zimmer mit Blick über den Fluß. Ausgezeichnetes Restaurant. *Elora, 77 Mill St., Tel. 519/846-53 56, Fax 846-91 80, Kategorie 1–2*

Walper Terrace

Stilvoll renoviertes Hotel aus viktorianischer Zeit. *82 Zi., 1 King St. W, Tel. 519/745-43 21, Fax 745-36 25, Kategorie 2*

ZIELE IN DER UMGEBUNG

Mennonite Country (122/B 5)

★ Das satte, idyllische Farmland nordwestlich von Kitchener ist die Heimat der tief religiösen Mennoniten, die seit 200 Jahren ihre Lebensweise kaum verändert haben. Aus Deutschland und der Schweiz wanderten sie über Rußland und die USA im letzten Jahrhundert nach Kanada ein. Oft sieht man sie mit ihren altertümlich anmutenden Pferdekutschen am Rand des Highway fahren. Die schönsten Orte: *Elmira, Elora* und *St. Jacobs,* wo in dem Museum *The Meeting Place* die Vertreibungsgeschichte und Kultur der Mennoniten dargestellt werden.

MANITOULIN ISLAND

(116/C 4) Fünf Indianerreservate liegen auf der 176 km langen Insel im Lake Huron, der weltgrößten Insel in einem Süßwassersee. In den kleinen Orten der Reservate kann man mit Stachelschweinborsten verzierte geflochtene Körbe aus Gras und anderes Kunsthandwerk der Ojibwa erwerben. Großes Powwow zu Anfang August.

MIDLAND

(122/C3) Ein Erholungsort (15 000 Ew.) und Wassersportzentrum am Südufer der Georgian Bay. Hier, im Stammesgebiet der Huronen, gründeten Jesuiten 1639 eine Mission, die sie allerdings 1649 wieder aufgaben, nachdem acht Missionare am Marterpfahl gestorben waren.

MUSEEN

Huronia Museum
Ethnologische und archäologische Sammlungen zur Geschichte der Huronen und ein nachgebautes Indianerdorf. *Little Lake Park, im Sommer 9–18 Uhr, Eintritt $ 5*

Sainte-Marie among the Hurons
★ Eindrucksvolle Rekonstruktion der mit Palisaden bewehrten Jesuitenmission von 1639. *Am Hwy. 12, Ende Mai–Anfang Okt. tgl. 10–16.30 Uhr, Eintritt $ 7,25*

ZIELE IN DER UMGEBUNG

Georgian Bay Islands National Park (122/B3)
Die wildromantische Inselgruppe im Südosten der Georgian Bay wurde durch die Gemälde kanadischer Künstler der Group of Seven berühmt. Bootstouren und Wassertaxis zu den einzelnen Inseln. *Abfahrt in Honey Harbour am Ende des Hwy. 5*

Wasaga Beach (122/B4)
❂ Ein sehr populärer Ferienort mit 14 km langem Sandstrand an der Georgian Bay. Wasserparks, Minigolfplätze, nette Ferienmotels – kurz: alles an sommerlichem Strandtrubel, was man sich nur wünscht.

MORRISBURG

(124/B5) Beim Bau des St. Lawrence Seaway mußte die komplette Stadt (2500 Ew.) in der Nähe von Ottawa an das neue, höhere Ufer umziehen. Die alten Häuser der Loyalistensiedler wurden restauriert und im Museumsdorf Upper Canada Village wieder aufgestellt. Nördlich des Städtchens führt die ◁✦▷ Panoramastraße Long Sault Parkway vorbei an hübschen Badeplätzen und Aussichtspunkten über 11 Inseln im St. Lawrence.

MUSEUM

Upper Canada Village
In 35 originalen Häusern aus der Zeit um 1800 wird Pionierleben gespielt: Die Bauern pflügen mit Ochsen, in der Stube spinnt die Mutter Garn. *Am Hwy. 2, im Sommer tgl. 9.30–17 Uhr, Eintritt $ 12*

NIAGARA FALLS

(122/C6) Die schönsten Wasserfälle der Welt, kitschiges Spektakel, Magnet für Flitterwöchner und tollkühne Teufelskerle – die Fälle am Niagara River, der den Lake Erie mit dem Lake Ontario verbindet, wurden schon mit vielen Namen belegt. Ein Körnchen Wahrheit enthalten sie alle. Zweifellos sind die schäumenden Wasserfälle eines der großen Naturschauspiele, doch ebenso unbestreitbar ist, daß sie gnadenlos vermarktet wurden.

Seit aber der Jesuitenmissionar Louis Hennepin 1678 als erster Weißer die Fälle sah, hat sich vieles geändert. Zwei Städte, die den Namen Niagara Falls tragen, liegen heute zu beiden Seiten des Flusses, der hier die Grenze zwischen Kanada und den USA bildet. In der Mitte tosen die Wasserfälle, umgeben von Gartenanlagen, geschützt als Naturpark. Ringsum tost der touristische Rummel mit zahllosen Attraktionen. Einige nehmen sich die Wasserfälle zum Thema: z. B. das *Daredevil Adventure* mit dem sehr empfehlenswerten Imax-Kino, in dem man filmisch mitreißend über die Fälle stürzt. Andere dagegen sind nur Trittbrettfahrer, die versuchen, vom Strom der Wasserfallgucker zu profitieren: neonflimmernde Wachsfiguren- und Kuriositätenkabinette, Achterbahnen, Wasserparks sowie dressierte Schwertwale. Dazu Souvenirs in allen Farben und Formen mit der Aufschrift »Niagara Falls«. Ein Rummel ohnegleichen. Wenn Ihnen da nach Flucht zumute wird, versuchen Sie es mit einer Fahrt auf dem 〰️ Niagara Parkway, der parallel zur Schlucht des Flusses durch Grünanlagen und vorüber an den *Botanical Gardens* nach Norden bis zum Lake Ontario führt.

BESICHTIGUNGEN

Maid of the Mist
★ Die Bootstouren zum Fuß der donnernden Wassermassen sind ein feuchtes, aber grandioses Erlebnis. *Abfahrt am Anfang der Clifton Hill St., Fahrpreis $ 10,10*

Niagarafälle
Die 54 m hohen kanadischen Horseshoe Falls sind weit beeindruckender als die 56 m hohen, 323 m breiten American Falls, da sie sich in weitem Bogen 670 m im Halbrund spannen. Die

Der kanadische Teil der Niagarafälle, die Horseshoe Falls

schönsten Aussichtspunkte liegen auf kanadischem Ufer am Table Rock House und auf Luna Island auf der amerikanischen Seite. Abends werden die Fälle farbig angestrahlt.

Table Rock

 Auf der kanadischen Seite der Horseshoe Falls führt ein Aufzug zu einer Aussichtsplattform unterhalb der Fallkante und mitten in der sprühenden Gischt. *Im Sommer tgl. 9–23, im Winter bis 19.30 Uhr, Eintritt $ 5,75*

RESTAURANTS

Queenston Heights

Schön gelegenes Terrassenlokal am Niagara Parkway etwa 15 Fahrminuten stromabwärts der Fälle. Beliebt zum Sonntagsbrunch. *Queenston Heights Park, Tel. 905/262-42 74, Kategorie 2*

Skylon Dining Room

Drehrestaurant mit Panoramablick über die Fälle. *Tel. 905/356-26 51, Kategorie 2*

HOTELS

Carriage House

Solides Motel etwas außerhalb. *120 Zi., 8004 Lundy's Lane, Tel. 905/356-77 99, Fax 358-64 31, Kategorie 2–3*

Michael's Inn

Ein Paradies für Flitterwöchner. *130 Zi., 5599 River Rd., Tel. 905/354-27 27, Fax 374-77 06, Kategorie 1*

Skyline Brock

Historisches Hotel mit Ausblick. Hier schlief schon Marilyn Monroe während der Dreharbei-

ten zu »Niagara«. *233 Zi., 5685 Falls Av., Tel. 905/374-44 44, Fax 358-04 43, Kategorie 1*

Venture Inn

Nahe den Fällen, aber ohne Blick auf sie. *180 Zi., 4960 Clifton Hill, Tel. 905/358-32 93, Fax 358-38 18, Kategorie 2*

AUSKUNFT

Niagara Falls Visitors Bureau

5433 Victoria Av., Niagara Falls, ON L2G 3R1, Tel. 905/356-60 61, Fax 356-55 67 (für schriftliche und telefonische Anfragen). Ein großes Infozentrum befindet sich im Table Rock House direkt an den Fällen.

ZIELE IN DER UMGEBUNG

Niagara-on-the-Lake (122/C 6)

Schon die Anfahrt über den Niagara Parkway lohnt sich. Das Städtchen an der Mündung des Niagara River in den Lake Ontario entzückt mit hübschen historischen Backsteinhäusern und viktorianischen Fassaden aus dem 19. Jh. Das den ganzen Sommer über dauernde Shaw-Festival wird weithin gerühmt.

St. Catharines (122/C 6)

Die Stadt liegt im Zentrum einer großen Obstbauregion. Wein, Pfirsiche und Erdbeeren gedeihen im milden Klima der Niagara-Halbinsel ebenso wie hochwertiges Gemüse. Mit zahlreichen Festen im Frühjahr und Herbst feiert die Stadt ihre landwirtschaftliche Produktion, die meist ziemlich üppig ausfällt. An der Schleuse Nr. 3 des Wellandkanals können Sie den überaus regen Schiffsverkehr auf dem St. Lawrence Seaway beobachten.

OTTAWA

(124/A 4–5) In Diplomatenkreisen wird Kanadas Hauptstadt (1 Mio. Ew.) am Ottawa River gerühmt: Die Stadt habe Lebensart und Lebensqualität. Zwar ist es die – der Temperatur nach – kälteste Hauptstadt der westlichen Welt, aber auch eine der blitzsauberen. Es gibt keine luftverqualmenden Industrien – die Arbeit Ottawas ist allein das Regieren der Nation. Britische Traditionen wie der zeremonielle *Wachwechsel der Garde vor dem Parlament (im Sommer tgl. um 10 Uhr)* werden als beliebte Touristenspektakel beibehalten. Doch sonst hat die leichtere französische Lebensart, die aus Québec über den Ottawa River schwappt, die einst steife und langweilige Hauptstadt in eine ungemein lebensfrohe Metropole verwandelt.

BESICHTIGUNGEN

☙ Am Aussichtspunkt *Nepean Point* blickt Samuel de Champlain von einem Podest aus über den Ottawa River, den er 1613 als erster Weißer befuhr. Die Ufer des Flusses säumen Ministerien und Museen. Die beherrschende Position auf einer Klippe am Südufer nimmt jedoch das *Parlament* ein. Der prunkvolle neugotische Bau wurde bereits 1859 begonnen, zwei Jahre, nachdem Queen Victoria das abgelegene Holzfällercamp Bytown zur neuen Hauptstadt Kanadas bestimmt und die Hoffnungen Montréals und Torontos zerstört hatte. Innerhalb weniger Jahre entstand ein »Westminster in der Wildnis«. Hundert Jahre sind vergangen, und Ottawa hat sich zur weitläufigen, gepflegten Hauptstadt mit gut einer Million Einwohnern gemausert. Vor allem an Kultureinrichtungen mangelt es nicht: Es gibt ein hochmodernes *National Arts Centre* mit einem Opernhaus und Museen für jedes Interessengebiet. Vom kanadischen *Skimuseum* über ein *Briefmarkenmuseum* bis zum nationalen *Münzmuseum* ist für Sammler alles Erdenkliche zu bestaunen. Erholen kann man sich danach in den Straßencafés um den bunten *Byward Market* in der Altstadt oder in einem der vielen Parks am *Rideau Canal,* der sich wie eine blumenumkränzte Gracht durch die Innenstadt zieht.

MUSEEN

Canadian Museum of Civilization

★ Spektakuläre Architektur am Ufer des Ottawa River. Das 1989 eröffnete Museum beherbergt ausgezeichnete Sammlungen zu den Indianer- und Inuitkulturen Kanadas (sehr sehenswerte Totempfähle) sowie zur Pioniergeschichte des Landes. *Hull, 100 Laurier St., tgl. 9–17, im Sommer bis 18, Do bis 21 Uhr, im Winter Mo geschl., Eintritt $ 5*

Canadian Museum of Contemporary Photography

Wechselnde Ausstellungen avantgardistischer Fotografie in einem alten Gewölbe am Beginn des Rideau Canal. *Tgl. 11–17, Mi 16 bis 20 Uhr, im Winter Mo/Di geschl., Eintritt frei*

National Gallery of Canada

Die beste Sammlung kanadischer Kunst im ganzen Land. Sehenswerter Bau von Moshe Safdie. *380 Sussex Dr., im Sommer tgl. 10–18,*

Do bis 20, im Winter bis 17 Uhr und Mo/Di geschl., Eintritt frei

National Museum of Science and Technology

Eines der herausragenden Technikmuseen Kanadas – im Selbstversuch kann man Experimente durchführen, im Freigelände sind historische Dampfloks zu bewundern, und eine große neue Ausstellung erläutert das Computerzeitalter. *1867 St. Laurent Bd., tgl. 9–18, Fr bis 21, im Winter bis 17 Uhr, Mo geschl., Eintritt $ 6*

RESTAURANTS

Blue Cactus Grill
Buntes Trendlokal. Tex-Mex-Küche und große Bar. *2 Byward Market, Tel. 613/241-70 61, Kategorie 2*

Courtyard
Historisches Ambiente nahe dem Byward Market. *21 George St., Tel. 613/241-15 16, Kategorie 2*

Le Café
Terrasse mit ✸✸ Blick auf den Rideau Canal. *National Arts Centre, Tel. 613/594-51 27, Kategorie 2*

Le Jardin
Französische Küche in einem historischen Haus. *127 York St., Tel. 613/241-14 24, Kategorie 1*

Le Metro Cafe
Schickes Bistro im Trubel der Innenstadt, *der* Treff zum Power-Lunch. *315 Somerset St., Tel. 613/230-81 23, Kategorie 2–3*

EINKAUFEN

Das Rideau Centre an der Ecke Rideau Street und Colonel By Drive ist das beliebteste Einkaufszentrum der Innenstadt. In der Fußgängerzone Sparks Street Mall drängen sich kleine Buchläden, Galerien und Boutiquen.

HOTELS

Albert House
Gepflegtes Bed & Breakfast, zentral gelegen. *17 Zi., 478 Albert St., Tel. 613/236-44 79, Fax 237-90 79, Kategorie 2*

Château Laurier
Gediegenen Luxus mit Blick auf das Parlament bietet dieses historische Grandhotel. *425 Zi., 1 Rideau St., Tel. 613/241-14 14, Fax 562-70 30, Kategorie 1–2*

Lord Elgin
Altes Hotel, renoviert und in bester Lage. *312 Zi., 100 Elgin St., Tel. 613/235-33 33, Fax 235-32 23, Kategorie 2*

Radisson Ottawa Centre
Solides Mittelklassehaus im Zentrum mit Drehrestaurant. *478 Zi., 100 Kent St., Tel. 613/238-11 22, Fax 783-42 29, Kategorie 2*

TOUREN

Paul's Boat Lines
✸✸ Sightseeing-Fahrten auf dem Ottawa River und dem Rideau Canal. *Abfahrt beim National Arts Centre, Tel. 613/225-67 81*

AM ABEND

Theater, Ballett und Konzerte können Sie im *National Arts Centre* erleben (Info unter *Tel. 613/996-50 51*). Treffpunkt der Szene sind die Clubs und Bars um den Byward Market, z. B. das *Grand Central (141 George St.)* oder das

Tramps (53 Williams St.). Ab Mitternacht wandern die Gäste weiter: über die Brücke nach Hull, wo in den Clubs entlang der *Promenade du Portage* das Nachtleben bis 3 Uhr früh geht.

AUSKUNFT

Ottawa Tourism
Infobüro im National Arts Centre, Elgin St., Tel. 613/237-51 50 oder 239-50 00; Postadresse: 130 Albert St., Suite 1800, Ottawa, ON K1P 5G4, Fax 613/237-73 39

ZIEL IN DER UMGEBUNG

Gatineau Provincial Park (124/A 4) Radwege und ❧ Panoramastraßen durchziehen den 35 000 ha großen Park am Nordufer des Ottawa River. Die Aussichtspunkte sind besonders im Herbst schön, während der Blätterfärbung ab Ende September.

POINT PELEE NATIONAL PARK

(116/C 6) Der südlichste Punkt Kanadas – etwa auf demselben Breitengrad wie Rom – ist zugleich der beste Platz zur Vogelbeobachtung in Ostkanada: Auf der 20 km langen Sandbank im Lake Erie, deren Strände im Sommer ein beliebtes Badeziel der Kanadier sind, sammeln sich im Mai und September Zehntausende von Zugvögeln. Ein großartiges Naturschauspiel sind die Schwärme von Monarch-Schmetterlingen, die hier etwa Mitte September ihren 3000 km langen Flug nach Mexiko antreten. Ein Tip für Hobbyornithologen: Tagesausflug per Schiff zur Insel Pelee Island.

SAULT SAINTE MARIE

(116/B 3) Eine Industrie- und Hafenstadt (82 000 Ew.) an der Engstelle zwischen Lake Superior und Lake Huron. Die mächtigen Stromschnellen, an denen Jesuiten bereits 1669 eine Indianermission bauten, umgeht der heutige St. Lawrence Seaway in eindrucksvollen *Schleusenanlagen (Bootsfahrten vom Norgoma Dock aus).* »The Soo«, wie die Bewohner ihre Stadt nennen, ist vor allem ein guter Ausgangspunkt für Touren ins Hinterland, an die felsige Küste des Lake Superior oder zu fischreichen Seen in den Wäldern.

TOUREN

Algoma Central Railway
❧ Ganztägige Bahnexkursionen zum Agawa Canyon. Besonders schön zur Blätterfärbung im September. *129 Bay St., Tel. 705/946-73 00, Fax 541-29 89*

AUSKUNFT

Algoma Travel Association
485 Queen St. E, Sault Ste Marie, ON P6A 2A3, Tel. 705/254-42 93, Fax 254-48 92

SUDBURY

(122/A 1) Im Sudbury Basin, das vermutlich durch einen Meteoriteneinschlag geformt wurde, finden sich die weltweit größten Nickellagerstätten, außerdem Vorkommen von Kupfer, Eisenerz, Silber und Kobalt. So ist Sudburys Rolle als die wichtigste Bergwerksstadt Nordontarios (93 000 Ew.) zu verstehen. In der *Big Nickel Mine,* die zu dem

Museumskomplex *Science North* gehört, können Sie die Abbautechniken studieren. Ein beliebtes Revier für Kanufahrer ist der *Killarney Provincial Park* am Ufer der Georgian Bay südlich der Stadt. *(Kanuvermietung am Parkeingang)*

THUNDER BAY

(116/A 2) Die Stadt (114 000 Ew.) am Nordwestufer des Lake Superior liegt im Herzen des Kontinents – und besitzt dennoch den drittgrößten Hafen Kanadas. Über den St. Lawrence Seaway wird von hier Getreide aus den Prärien zum 3700 km entfernten Atlantik verschifft. Die gewaltigen Weizensilos können im Sommer besichtigt werden. Im Centennial Park am Current River sind Ausstellungen über die Holzfällerei zu sehen.

MUSEUM

Old Fort William

★ Im rekonstruierten Fort der Pelzhändler können Sie das Leben der Indianer und Trapper hautnah erleben. *Broadway Av., im Sommer tgl. 10–17 Uhr, Eintritt $ 10*

AUSKUNFT

North of Superior Tourism
1119 Victoria Av. E, Thunder Bay, ON P7C 1B7, Tel. 807/626-94 20, Fax 626-94 21

WINDSOR

(116/C 6) Windsor (280 000 Ew.) ist Kanadas Wolfsburg – die Stadt der Automobilindustrie. Und das kommt nicht von ungefähr, denn unmittelbar auf der Westseite des Detroit River, der den Lake Huron mit dem Lake Erie verbindet, liegt die amerikanische Hochburg der Autoindustrie, Detroit. Ford und General Motors bauten daher ihre Werke für die kanadische Produktion einfach auf die andere Seite des Flusses. Einige schöne Parkanlagen am Ufer des Detroit River lohnen den Besuch, ansonsten ist die Industriestadt vor allem ein Punkt für eine Zwischenübernachtung bei Touren in die Umgebung, wobei es ziemlich beliebig ist, in welchem der vielen Kettenmotels Sie sich einmieten.

ZIELE IN DER UMGEBUNG

Dresden **(116/C 6)**
Das Farmerstädtchen nordöstlich von Windsor spielte um 1850 zu Zeiten der amerikanischen Sklaverei eine wichtige Rolle, denn hier endete die »Underground Railroad«, die geheime Fluchtroute der Sklaven aus den Südstaaten. Hier lebte damals ein gewisser Josiah Henson, dessen Leben vermutlich Vorbild wurde für Harriet Beecher Stowes Buch »Onkel Toms Hütte«. Hensons Haus ist heute zu einem ganz interessanten *Museum* umgestaltet.

Henry Ford Museum **(116/C 6)**
Der riesige Museumskomplex jenseits der US-Grenze illustriert ganz besonders eindrucksvoll die Rolle des Autos in der Geschichte Nordamerikas. Angeschlossen ist auch *Greenfield Village,* ein großes Freilichtmuseum mit historischen Häusern und dem Laboratorium von Thomas A. Edison. *Dearborn/Detroit, tgl. 9–17 Uhr, Eintritt 22 US-$*

Weltstadt mit gallischem Charme

*Kunstgenuß, Bistros, Bars und elegante Boutiquen –
in Montréal trifft die Alte auf die Neue Welt*

In der Metropole Québecs **(125/D 4)**, mit über 3,3 Mio. Ew. die zweitgrößte Stadt Kanadas, ist es müßig, lediglich die – sehr wohl reichlich vorhandenen – Sehenswürdigkeiten und historischen Denkmäler abzuhaken. Diese Stadt will erlaufen und erlebt sein, erst dann werden Sie ihr unvergleichliches Temperament, die Lebensfreude ihrer Bewohner und ihre vielfältige Kultur schätzen lernen. Gerade im Sommer, wenn das Leben vorwiegend im Freien stattfindet, in den Straßencafés und Parks, zeigt sich die Stadt von ihrer buntesten und vergnüglichsten Seite.

70 Prozent der Montréaler sprechen Französisch als Muttersprache, und das gallische Temperament, die Freude am guten Essen, am vergnügten Plausch im Bistro, ist auch nach 200 Jahren Zugehörigkeit zum britischen Reich noch ungebrochen. Sperrstunde ist erst um drei Uhr morgens, und die Montréaler nutzen dies weidlich aus.

Schon in der Architektur des Rathauses wird der französische Einfluß überdeutlich

Die Stadt liegt auf der geographischen Breite von Mailand. Doch hier gibt es kein Mittelmeer und keine Alpen, die das Klima mildern könnten. So sind die Sommer heiß und oft auch schwül, die Winter dagegen bitterkalt und schneereich. Als Fluchtburg bauten sich die Montréaler eine Ville Souterraine, eine wetterresistente unterirdische Stadt mit kilometerlangen Ladenpassagen, Kinos und Restaurants.

Ein Luxus, von dem die ersten französischen Siedler, die 1642 die Stadt gründeten, nur träumen konnten. Sie »mußten« zunächst einmal die Irokesen vertreiben, die auf der großen, 50 km langen Insel im St. Lawrence lebten. 1701 wurde Frieden geschlossen, und Montréal blühte auf als Siedlungszentrum und Pelzhandelsstadt. Von hier aus drangen die Händler und Voyageurs in die Wälder des Westens und Nordens vor, von hier aus eroberten sie den Kontinent. Montréal war der letzte Hafen am St. Lawrence – über die Stromschnellen oberhalb der Siedlung konnten die Segler nicht vordringen. Lachine heißen diese Untiefen noch heu-

MARCO POLO TIPS FÜR MONTRÉAL

1 Biodôme
Öko-Reise durch den Kontinent – vom Regenwald bis in die Arktis (Seite 53)

2 Blick vom Turm des Olympiastadions
100 km Fernsicht über Montréal (Seite 54)

3 Laurentides
Das schönste Ziel für die Flucht ins Grüne (Seite 57)

4 Pointe-à-Callière
Multimedia-Show und Ruinen tief im Untergrund (Seite 55)

5 Ritz-Carlton
Herrlich nostalgisches Grandhotel mit Tearoom und Ententeich (Seite 56)

6 Ville Souterraine
Die Stadt unter der Erde (Seite 55)

te, denn der Entdecker Jacques Cartier glaubte, daß dahinter China liege.

Der Herrschaftswechsel 1763 von Frankreich zu England tat dem wirtschaftlichen Boom keinen Abbruch. Der Pelzhandel blieb profitabel, und nach der Industrialisierung im 19. Jh. wuchs Montréal schnell zur wichtigsten Stadt Kanadas heran. Die Expo 1967 und die Sommerolympiade im Jahr 1976 festigten ihren Ruf als internationale Metropole. In Montréal wuchsen die ersten Wolkenkratzer Kanadas aus dem Boden, dazu leistete sich die Stadt ein hervorragend ausgebautes U-Bahn-Netz – hochmodern auf leisen Gummireifen.

Die 70er Jahre brachten einen Umschwung: Toronto überflügelte Montréal, die Separationskrise stürzte die Stadt in eine schwere Rezession. Zahlreiche anglokanadische Firmen wanderten ins »sichere« Ontario ab. Doch längst nicht alle sind gegangen – die großen Bahngesellschaften beließen ihre Hauptquartiere ebenso hier wie die

nationale Fluggesellschaft Air Canada. Anfang der 90er Jahre begann ein neuer Aufschwung – es gibt sogar Rückkehrer aus Toronto, die den Lebensstil der frankokanadischen Welt einfach nicht missen wollen.

☛ Stadtplan in der hinteren Umschlagklappe

BESICHTIGUNGEN

Die Orientierung in Montréal ist nicht schwer: Am Südufer der Île de Montréal liegt die winkelige *Altstadt* mit ihren kopfsteingepflasterten Gassen und zahlreichen Häusern aus dem 18. Jh. Dahinter, in der sanft zum Fluß hin geneigten Ebene zwischen Altstadt und Mont Royal, ragen die Wolkenkratzer der Innenstadt auf. Westlich davon wird vorwiegend Englisch gesprochen, denn dort liegt *Westmount,* Wohn- und Einkaufsviertel der Anglo-Montréaler. Im Osten der Innenstadt verläuft der *Boulevard Saint-Laurent,* an dem sich die Einwandererviertel reihen und östlich dessen die rein französischen Viertel beginnen.

Altstadt und Stadtzentrum lassen sich gut zu Fuß erschließen, die nächste U-Bahn-Station ist nie weit entfernt. Und noch eines: Verlaufen Sie sich ruhig, die freundlichen Montréaler bringen Sie gern wieder auf den richtigen Weg – und zeigen Ihnen vielleicht noch ein nettes Bistro in ihrem Viertel.

Biodôme (O)

★ Das ehemalige Radstadion des Parc Olympique beherbergt heute ein Ökomuseum: Ausstellungen erläutern die vier wichtigsten Ökosysteme des amerikanischen Kontinents. *4777, Av. Pierre-de-Coubertin, im Sommer tgl. 9–19, sonst bis 17 Uhr, Eintritt $ 9,50*

Île Ste-Hélène (O)

Die Parkanlagen auf der kleinen, der Altstadt vorgelagerten Insel sind ein beliebtes Naherholungsziel der Montréaler. Hier steht neben dem Vergnügungspark *La Ronde* auch ein altes *Fort* von 1822 (mit Militärmuseum), in dem während des Sommers Soldaten in historischen Kostümen exerzieren. Im Südteil der Insel und auf der Nachbarinsel Île Notre-Dame fand 1967 die Weltausstellung statt, von der zahlreiche Bauten erhalten sind: Der ehemalige französische Pavillon beherbergt ein elegantes *Spielcasino,* in der riesigen gläsernen Kugel *Biosphère,* zu Expo-Zeiten der Pavillon der USA, können Sie Ausstellungen über die Ökologie des St.-Lawrence-Flußsystems und der Großen Seen erleben. Auf der Île Notre-Dame liegt außerdem die Grand-Prix-Rennstrecke Montréals.

Jardin botanique (O)

Montréals botanischer Garten ist heute einer der großen und besonders schönen auf der Welt. Unter den 30 verschiedenen Sektionen gibt es einen eigenen japanischen und einen chinesischen Garten, dazu ein faszinierendes

Wenig ausdrucksstark ist die Skyline von Montréal

Insektarium, in dem über 4000 Käfer, Raupen, Schmetterlinge und Spinnen zu bewundern sind. *4101, Rue Sherbrooke Est, tgl. 9–17, im Sommer bis 19 Uhr, Eintritt $ 8,75*

Mont Royal (U/A 3)
Der Berg, der Montréal seinen Namen gab, ist heute ein gut 200 ha großer bewaldeter Park. Von der ◁▷ *Aussichtsterrasse* am Grand Chalet bietet sich ein großartiger Blick über die Innenstadt. Hier steht auch das Wahrzeichen Montréals, ein riesiges, nachts erleuchtetes Kreuz.

Rue St-Denis (U/C–E 1–2)
✪ Straßencafés, Kinos und kleine Restaurants prägen das Straßenbild im Studentenviertel um die Université du Québec.

Rue Ste-Catherine (U/A–E 6–1)
Die *Hauptgeschäftsstraße* der Innenstadt. Auf der Südseite des Square Dorchester (Infozentrum der Stadt) steht die *Cathédrale Marie-Reine-du-Monde,* eine detailgetreue Verkleinerung des Petersdoms im Vatikan.

Parc Olympique (O)
175 m über dem Stadion der Sommerolympiade 1976 ragt der ★ »schiefe Turm von Montréal« auf. Morgens oder zum Sonnenuntergang ist der ◁▷ Blick über die Stadt am schönsten. *4141, Av. Pierre-de Coubertin, im Sommer tgl. 10–21, Fr–So bis 23, sonst bis 18 Uhr, Eintritt $ 7,25*

Vieux Montréal (U/E 3)
Um die Place Jacques-Cartier und die Place d'Armes liegen die wichtigsten Sehenswürdigkeiten: die *Basilique Notre-Dame* (herrliche Schnitzereien von Victor Borgeau), die *Chapelle Notre-Dame-de-Bonsecours* und das *Château de Ramezay,* einst die Residenz der Gouverneure (heute Museum zur Stadtgeschichte). Renoviert wurde zur 350-Jahr-Feier der Stadt 1992 der klassizistische Bau des *Marché Bonsecours* an der Rue St-Paul. Heute werden hier große Kulturausstellungen veranstaltet. Von den – ebenfalls renovierten – Piers des *Vieux Port* legen die Boote zur Hafenrundfahrt ab.

MUSEEN

Centre d'Histoire de Montréal (U/E 4)
In der alten Feuerwache zeigt dieses Stadtmuseum das Alltagsleben der Montréaler von 1642 bis heute. Durch die bunten und abwechslungsreichen Ausstellungen ist der Besuch auch schön für Kinder. *335, Place d'Youville, tgl. 9–17, im Winter 10–17 Uhr, Mo geschl., Eintritt $ 4,50*

Musée d'Art contemporain (U/C 3)
Arbeiten zeitgenössischer, vielfach auch Québecer Künstler seit dem Jahr 1940 in einem weitläufigen postmodernen Bau. Guter Museumsladen. *185, Rue Ste-Catherine Ouest, Di–So 11–18, Mi bis 21 Uhr, Eintritt $ 8*

Musée des Beaux-Arts (U/B 4)
Das älteste Kunstmuseum Kanadas ist berühmt für seine großen Sonderausstellungen im Neubau von Moshe Safdie, dem Altmeister der kanadischen Architektur. Es hat einen sehr guten Museumsladen mit Kunstbüchern, Drucken und Karten. *1379, Rue Sherbrooke Ouest, Di–So 11–18, Mi bis 21 Uhr, Eintritt $ 10*

Musée McCord (U/C 3)

Ein kleines, feines Museum zur Geschichte Kanadas, das zahlreiche Sonderausstellungen bietet. In den ständigen Sammlungen sind vor allem die herrlichen Perlenstickereien der Indianer Kanadas sehenswert. *690, Rue Sherbrooke Ouest, Di–Fr 10–18, Do bis 20, Sa/So 10–17 Uhr, Eintritt $ 7*

Pointe-à-Callière (U/E 4)

★ Stadtgeschichte mal anders: Nach einer spektakulären multimedialen Einführung durchwandert man unter der Place Royale ein Labyrinth alter Gemäuer, vorbei am ersten Friedhof der Stadt, einer Taverne aus dem 18. Jh. und den Grundfesten des ersten Siedlerforts. *350, Place Royale, Di–Fr 10–17, im Sommer bis 18, Sa/So 11–17 Uhr, Eintritt $ 7*

RESTAURANTS

Die beste Auswahl an Restaurants finden Sie in der Altstadt (**U/E 3**), entlang der Rue Ste-Catherine, im Einwandererviertel entlang des Boulevard Saint-Laurent und im Universitätsviertel um die Rue St-Denis.

Ben's Smoked Meat (U/B 4)

Das würzige Rauchfleisch ist eine Montréaler Tradition. *990, Bd. Maisonneuve Ouest, Kategorie 3*

Globe (U/C 2)

Beliebtes Szenelokal mit hervorragender Quebécer Nouvelle cuisine. Schickes Publikum. *3451, Bd. Saint-Laurent, Tel. 514/284-38 23, Kategorie 2*

Les Halles (U/B 4)

Familiär geführtes Restaurant mit französischer Küche. Die Wandgemälde vermitteln etwas vom Flair der wehmütig vermißten alten Pariser Markthallen. *1450, Rue Crescent, Tel. 514/844-23 28, Kategorie 1–2*

Lux (O)

♣ Szenelokal mit Bar und Buchladen. 24 Stunden geöffnet. *5220, Bd. Saint-Laurent, Kategorie 3*

La Marée (U/E 3)

Vorzügliche französische Küche in Alt-Montréal. *404, Place Jacques-Cartier, Tel. 514/861-97 94, Kategorie 1*

Shed Café (U/C 2)

❀ Nettes Kaffeehaus nebst Bar mit Szenepublikum. Es gibt Pizza und Sandwiches. *3611, Bd. Saint-Laurent, Tel. 514/842-02 20, Kategorie 3*

Sucrerie de la Montagne (O)

Schön für einen Ausflug aufs Land: traditionelle Québecer Küche in einem Blockhaus. Im Frühjahr erleben Sie, wie Ahornsirup hergestellt wird. *Im Vorort Rigaud, ca. 45 Min. außerhalb, Tel. 514/451-08 31, Kategorie 2*

Tour de Ville (U/D 4)

◁▷ Elegantes Drehrestaurant mit Blick über die Innenstadt. *Im Radisson Hotel, 777, Rue University, Tel. 514/879-13 70, Kategorie 1*

EINKAUFEN

30 km unterirdische Passagen, 1700 Läden und 200 Restaurants locken auch im Sommer unter die Erde, in die ★ *Ville Souterraine* (**U/C–D 4-3**). Der älteste Teil der Untergrundstadt liegt um die *Place Ville-Marie*. Die neuesten Prachtpassagen sind: *Les Prome-*

nades de la Cathédrale, deren gut 100 Läden unter der um 1860 erbauten Cathédrale Christ Church liegen, dazu *2020 University* und der postmoderne Turmbau *1000 de la Gauchetierre,* wo sich die Shops um einen Eislaufplatz gruppieren.

HOTELS

Château Versailles   **(U/A 5)**
Hübsches freundliches Hotel, das sich über vier historische Stadthäuser am Westrand der Innenstadt verteilt. Die 70 Zimmer sind teilweise mit Antiquitäten möbliert. *1659, Rue Sherbrooke Ouest, Tel. 514/933-36 11, Fax 933-69 67, Kategorie 2*

Hôtel de Paris   **(U/D 1)**
Kleines einfaches Hotel in historischem Haus. Angeschlossen ist eine Jugendherberge. *39 Zi., 901, Rue Sherbrooke Est, Tel. 514/522-68 61, Fax 522-13 87, Kategorie 2–3*

Hôtel Le Breton   **(U/D 1)**
Einfache, saubere Pension nahe U-Bahn und Busstation. *13 Zi., 1609, Rue St-Hubert, Tel. 514/524-72 73, Fax 527-70 16, Kategorie 3*

Les Passants du Sans Soucy (U/E 3)
Elegantes Bed & Breakfast im Herzen der Altstadt mit viel Kunst und Antiquitäten. *9 Zi., 171 Rue St-Paul Ouest, Tel. 514/842-26 34, Fax 842-29 12, Kategorie 2*

Ritz-Carlton   **(U/B 4)**
★ Ein prachtvoll restaurierter alter Bau und immer noch die erste Adresse Montréals. Hier heiratete Liz Taylor ihren Richard. *230 Zi., 1228 Rue Sherbrooke Ouest, Tel. 514/842-42 12, Fax 842-49 07, Kategorie 1*

TOUREN

Neben *Busrundfahrten (Gray Line, Tel. 514/934-12 22)* und *Autocar Royal (Tel. 514/990-73 16)* werden in der Altstadt und der Innenstadt zum Beispiel auch *Touren per Pferdedroschke* angeboten. Abfahrtsort dafür ist jeweils der Square Dorchester. *Bootstouren* durch den Hafen bieten *Croisères du Port de Montréal (Tel. 514/842-38 71)* und *Bateau-Mouche (Tel. 514/849-99 52)*

AM ABEND

Ballett, Theater und Oper erleben Sie in den Kulturtempeln der *Place des Arts* **(U/C 3**, *Kartenbestellung unter Tel. 842-21 12).* Das Nachtleben konzentriert sich im mehr englischsprachigen Westend um die Rue Ste-Catherine und die Rue Crescent. Man trifft sich hier bei *Winnie's* **(U/B 4**, *1455, Rue Crescent),* im *Sir Winston Churchill* **(U/B 4**, *1450, Rue Crescent)* oder im *Pub Sherlock's* **(U/C 4**, *1010, Rue Ste-Catherine Ouest).* Im Osten tobt die Szene um den Boulevard Saint-Laurent und die Rue St-Denis (**U/C-D 1–2**), einige Clubs liegen auch in Vieux Montréal (**U/E 3**). Viele Bars servieren zur »Happy hour« zwischen 17 und 19 Uhr billige Drinks.

Guten Jazz gibt es bei *Biddle's* **(U/C 3**, *2060, Rue Aylmer),* ✪ im *Quai des Brumes* **(O**, *4481, Rue St-Denis)* und im *L'Air du Temps* **(U/E 3**, *191, Rue St-Paul Ouest).* In der jungen Szene angesagt sind vor allem die ✠ Poolbars, meist große, rauchige Hallen, in denen man sich bei Drinks zum Billardspielen trifft, etwa im *Le Swimming Pool* **(U/C 2**, *3643, Bd. Saint-Laurent)* oder im *Bacci* **(U/C 2**, *3553, Bd. Saint-Laurent).*

Die Kirche St-Sauveur in den Laurentides

Recht beliebt sind derzeit auch die Lokale *Le Royal* (**U/D 2**, *251, Rue Ste-Catherine Est)*, das ✪ *Opera* (**U/C 2**, *3523, Bd. St-Laurent)*, das *Metropolis* (**U/D 2**, *59, Rue Ste-Catherine Est)*, das *Van Gogh* (**U/D 1**, *2025, Rue St-Denis)*, oder der Studententreff ✵ *Café Campus* (**U/C 1**, *57, Rue Prince Arthur)*, in dem oft Rockgruppen auftreten.

AUSKUNFT

Office du Tourisme du Grand Montréal (U/C 4)
1555, Rue Peel, Montréal, PQ H3A 1X6, Fax 514/844-57 57

Infotouriste (U/C 4)
Großes Informationsbüro mit Ticketschalter für Konzerte und Sportveranstaltungen. *1001, Square Dorchester, Tel. 514/873-20 15*

ZIELE IN DER UMGEBUNG

Chambly (125/D 4)
Die Kleinstadt Chambly (20 000 Ew.), etwa 30 km östlich von Montréal, ist Ausgangspunkt für Touren in das Tal des Richelieu-Flusses, das über Jahrhunderte die wichtigste Verbindung aus dem St.-Lawrence-Tal nach Süden war. Im restaurierten *Fort Chambly* von 1711 wird die wechselvolle Geschichte dieser von Irokesen, Franzosen, Engländern und Amerikanern umkämpften Region deutlich.

Laurentides (124/C 3)
★ Die auf der Autoroute 15 in gut einer Stunde erreichbare Bergregion der Laurentides nördlich der Stadt ist das Naherholungsgebiet der Montréaler. Sie kommen in Scharen an den Wochenenden zum Angeln, Wandern, Kanufahren und Baden. Werktags hat man als Besucher das weitläufige Waldgebiet nahezu für sich. Ferienhotels und schöne Badeseen finden Sie vor allem um *Sainte-Adèle* und *Sainte-Agathe-des-Monts*. Im bereits 1894 gegründeten *Parc du Mont-Tremblant* können Sie auf Wanderungen oder Radtouren über 500 Seen und zahllose Wasserfälle entdecken. Im Winter ist der Park ein höchst beliebtes Zentrum für Langläufer und Skifahrer.

Das Kind Frankreichs in der Neuen Welt

Sympathisch altertümlich und quirlig modern –
Kontraste am St. Lawrence

Wer von den Großen Seen kommend dem St. Lawrence nach Osten folgt, findet sich plötzlich in einer anderen Welt, in einer anderen Kultur: Die Straßenschilder zeigen *rues* und *sorties* an und nicht mehr *streets* oder *exits*. In den uralten Bauerndörfern scharen sich normannisch anmutende Häuser um überdimensionierte katholische Kirchen. Das lebensfrohe Montréal (das ein eigenes Kapitel verdient hat) glänzt mit europäisch-südländischem Esprit, und die mittelalterlich wirkende Altstadt von Québec City ist sogar von einer Stadtmauer umkränzt.

Québec, die größte Provinz Kanadas, ist eine sprachliche und kulturelle Bastion Frankreichs im britisch-puritanischen Nordamerika. Die separatistische Bewegung Québecs unter der Führung des *Parti québécois* fordert sogar seit Jahren die Unabhängigkeit und die Ablösung der Provinz vom Bundesstaat. Nur so, glaubt sie, könne der drohende Untergang der frankokanadischen Kultur gebannt werden. Doch trotz

Québec City: Château Frontenac

mancher amerikanischer Einflüsse ist die gallische Kultur Québecs höchst vital und hat in den letzten 30 Jahren ihre Position sogar ausgeweitet.

Wenn Sie als Besucher Französisch sprechen, um so besser – die patriotischen Québecer werden es Ihnen danken. Aber keine Angst, auch mit Englisch kommt man recht gut durch. In den Städten sowieso, aber auch in den Dörfern findet sich im Hotel, in der Bar oder im Museum meist jemand, der auch des Englischen mächtig ist.

Der St.-Lawrence-Strom war der wichtigste Einwanderungskorridor Kanadas. Auf den fruchtbaren flachen Uferterrassen beiderseits des mächtigen Flusses siedelten bereits vor 350 Jahren die Kolonisten der französischen Krone. Bis weit ins 19. Jh. waren der Strom und seine zahlreichen Zuflüsse die einzigen Verkehrswege. Trapper und Pelzhändler stießen mit ihren Kanus bis weit ins Hinterland vor. Aus den Anlegestellen wurden Dörfer und Städte. Am St. Lawrence leben in der Region von Montréal bis Québec City heute rund 90 Prozent der

MARCO POLO TIPS FÜR QUÉBEC

1 **Île d'Orléans**
Idyllische Dörfer und Panoramen am St. Lawrence
(Seite 68)

2 **Le Château Frontenac**
Zimmer mit grandiosem
Blick über die Altstadt
(Seite 66)

3 **Manoir Montmorency**
Vorzügliche Küche mit Ausblick über die Wasserfälle
(Seite 67)

4 **Parc des Grands-Jardins**
Touren und Wanderungen
in Schluchten und zu einem
Meteoritenkrater (Seite 61)

5 **Parc National
de la Mauricie**
Ein Paradies für Kanufahrer (Seite 69)

6 **Rocher Percé**
Spektakulärer Fels in der
Brandung am Gulf of
St. Lawrence (Seite 62)

7,3 Mio. Québecer. Weiter östlich, auf der Halbinsel Gaspé und am Nordufer des St. Lawrence, wird die Besiedelung spärlicher und entfaltet sich die landschaftliche Schönheit der *belle province:* Die umbrandeten, fast 200 m hohen Klippen im Parc National de Forillon und die bizarren Felssäulen des Mingan-Archipels gehören zu den eindrucksvollen Naturschönheiten am Atlantik. Der weite Norden der Provinz schließlich, immerhin rund vier Fünftel der Landfläche von 1,5 Mio. qkm, ist fast unbewohnt. Eine mit Seen durchsetzte Felslandschaft, von den Gletschern der Eiszeiten rund geschliffen, dehnt sich bis zur Hudson Bay und zur Ungava Bay am Polarmeer. Das Urgestein des Kanadischen Schilds in dieser Region wurde durch seine großen Gold-, Kupfer- und Zinkvorkommen zur Schatztruhe Québecs. Zumindest der Südteil dieser rauhen, ursprünglichen Landschaft, d. h. die waldreichen Laurentian Mountains, ist aber touristisch gut zugänglich: Zahlreiche Na-

turparks laden zu Kanutouren ein, die gemütlichen, rustikalen Lodges und Landgasthöfe sind ideale Stützpunkte zum Wandern im Sommer und zum Langlaufen oder Motorschlittenfahren im schneereichen Winter. Abends stillt man den Bärenhunger mit deftiger französischer Landkost. Québec ist unbestreitbar das Kind Frankreichs in der Neuen Welt – aber es ist längst erwachsen.

BAIE-COMEAU

(118/C 3) Die Attraktionen des kleinen Hafenorts (26 000 Ew.) an der einsamen Nordküste des St. Lawrence liegen tief in seinem bewaldeten Hinterland: Sieben riesige Dämme stauen die Flüsse Maniconagan und Outardes zur Stromgewinnung. Die Dämme Manic 2 und der 150 m hohe Manic 5 können besichtigt werden. Eine Fähre verbindet Baie-Comeau mit Matane am Südufer des St. Lawrence, so daß man gut eine Rundfahrt an beiden Ufern des Stroms unternehmen kann.

Le Manoir

Das gediegene alte Haus bietet einen schönen ❄️ Blick über die Küste. Sehr gute Küche. *55 Zi., 8, Rue Cabot, Tel. 418/296-33 91, Fax 296-14 35, Kategorie 1–2*

BAIE-SAINT-PAUL

(118/B 4) Das Städtchen in den Hügeln am Nordufer des St. Lawrence ist seit langem ein beliebtes Ziel der Landschaftsmaler Kanadas. In den alten Häusern findet man zahlreiche Kunstgalerien wie etwa das *Centre d'art de la Baie-Saint-Paul (4, Rue Fafard)* oder die *Maison René Richard (58, Rue St-Jean-Baptiste).* Wanderwege führen in die von Sümpfen und Taiga geprägten Hügel im Umland – eine einzigartige Naturlandschaft, die von der Unesco sogar zum Internationalen Biosphären-Schutzgebiet ernannt wurde. Ebenfalls lohnend ist ein Bootsausflug zur *Île aux Coudres,* einer 16 km langen Insel mit einer malerischen Windmühle und jahrhundertealten Häusern.

Parc des Grands-Jardins

★ Ausstellungen, Bustouren und geführte Wanderungen in der Region, z. B. in die Schlucht des Rivière Malbaie. *4, Place de l'Eglise, Tel. 418/457-39 45*

GASPÉ-HALBINSEL

(119/D 3) Auf der ungefähr 300 km langen Landzunge, an deren Nordküste das Meer tief in den Mündungstrichter des St.-Lawrence-Stroms eindringt, können Sie einige der eindrucksvollen Landschaften Québecs erleben. Besonders schön ist hier eine Tour im September, dann ist ruhige Nachsaison, und die Laubwälder erstrahlen im Farbenrausch des Indian Summer.

Von Québec City aus führt die Route 132 durch malerische alte Bauerndörfer am Südufer des St. Lawrence nach *Montmagny* **(118/B 4)**. Auf der vorgelagerten *Île-aux-Grues* legen im Spätsommer Tausende von Schneegänsen einen Stopp auf ihrem Weg nach Süden ein (Bootstouren).

St-Jean-Port-Joli **(118/B 4)** ist als eine Art kanadisches Oberammergau für seine Holzschnitzer und Kunsthandwerker berühmt. Viele der Künstler kann man in ihren Werkstätten besuchen. Das *Musée des anciens Canadiens* am Hwy. 132 zeigt vor allem Werke der Bourgault-Brüder.

Leuchttürme, traditionelle Dörfer und lange Strände säumen den weiteren Weg nach Osten. Ab *Matane* **(118/C 3)** wird die Küste einsamer und rauher, die Berge rücken immer näher an den breiter werdenden Strom heran. Das von subarktischer Vegetation geprägte Hinterland der *Chic Choc Mountains,* einer der sehr alten Bergketten Nordamerikas, ist Lebensraum für Elche, Bären und Karibus – und ein herrliches Wandergebiet. Im *Parc National de Forillon* an der Ostspitze der Gaspé-Halbinsel tauchen die Berge ins Meer: Fast 200 m hohe ❄️ Kalksteinklippen türmen sich über den Brechern des Atlantiks auf. Die Südküste des Parks ist dagegen gesetzlich geschützt und lockt mit zahlreichen Stränden und kleinen Buchten zum Baden.

Der Rocher Percé, ein der Gaspé-Halbinsel vorgelagerter Felsen

In *Gaspé* (16 000 Ew.), dem Hauptort der Halbinsel, erinnert ein Denkmal aus großen Steintafeln am Hwy. 132 an die Entdeckung der Region durch Jacques Cartier. Eine Stunde Fahrt weiter südlich liegt *Percé*, ein hübscher kleiner Künstler- und Fischerort, vor dem der ★ *Rocher Percé*, ein fast 90 m hoher roter Felsen, aus der Brandung ragt. Bei Ebbe können Sie auf eine Sandbank hinausgehen und die im Schieferfels eingeschlossenen Fossilien aus dem Devon betrachten. Einige Kilometer vor der Küste liegt die *Île Bonaventure*, ein Vogelschutzgebiet mit großen Kolonien von Papageientauchern und Tölpeln. Die Südküste der Halbinsel schließlich, an der im Sommer überraschend warmen *Baie des Chaleurs* gelegen, ist lieblicher und weniger zerklüftet. Hier gibt es Ferienorte wie *Bonaventure* oder *Carleton* mit Sandstränden, Wanderwegen und guten Lachsflüssen für Angler.

MUSEEN

Centre d'Interprétation du Saumon Atlantique

Alles über den Atlantiklachs in Filmen und Ausstellungen. *Sainte-Flavie, zwischen Rimouski und Matane, 900, Route de la Mer, im Sommer tgl. 9–17 Uhr, Eintritt $ 6*

Jardin de Métis

Eine wunderbare Gartenanlage. Das alte Herrenhaus beherbergt heute Kunstgalerien und ein Museum zur Siedlergeschichte. *Hwy. 132, Grand-Métis, zwischen Rimouski und Matane, im Sommer tgl. 8.30–18.30 Uhr, Eintritt $ 6*

TOUREN

Île Bonaventure

Bootsrundfahrten zu den Vogelfelsen, es besteht auch eine Fährverbindung für Wanderer. *Ausstellungen im Centre d'Interprétation Faunique am Rang de l'Irlande, Percé, Tel. 418/782-29 74*

La Société Duvetnor

Bootstouren zu den Inseln im St. Lawrence, auf Wunsch Übernachtung in einem Leuchtturm. *Rivière-du-Loup, Tel. 418/867-16 60*

Auberge Fort Prével

Ausgezeichnete Regionalküche. Kleines Hotel und Golfplatz. *St.-Georges-de-Malbaie, nahe Gaspé, Tel. 418/368-22 81, Kategorie 2*

La Brise Bise

❂ Beliebtes Bistro mit ☙ Blick über die Bucht. Manchmal Livemusik. *Gaspé, 2, Côte Cartier, Tel. 418/368-14 56, Kategorie 2–3*

L'Auberge du Gargantua

Französische Küche und ein wirklich traumhafter ☙ Blick. *Percé, 222, Route des Failles, Tel. 418/782-28 52, Kategorie 2*

La Normandie

☙ Blick auf den Rocher Percé. Gutes Restaurant. *45 Zi., Percé, 221, Route 132 Ouest, Tel. 418/782-21 12, Fax 782-23 37, Kategorie 2*

Manoir des Erables

Sehr gepflegtes Hotel in einer ruhigen Parkanlage nahe dem St. Lawrence bei Québec City. *23 Zi., Montmagny, Tel. 418/248-01 00, Fax 248-95 07, Kategorie 1*

Association Touristique de la Gaspésie

357, Route de la Mer, Sainte-Flavie, PQ G0J 2L0, Tel. 418/775-22 23, Fax 775-22 34

MAGOG

(125/E 4) Das 14 000-Ew.-Städtchen am Nordufer des langgestreckten Lac Memphrémagog liegt im Herzen der Eastern Townships – und damit im Zentrum einer Ferienregion mit vielen gepflegten Hotels und Golfplätzen, Seen und Wanderwegen in den bewaldeten Vorbergen des Appalachen-Gebirges, das über die nahe US-Grenze bis Québec reicht. Vom Gipfel des *Mont Orford* können Sie einen weiten ☙ Blick über das wellige Land werfen, in der alten Benediktinerabtei *St-Benoît-du-Lac* den hervorragenden Käse der Mönche probieren und im hübsch gelegenen *North Hatley* die Villen der reichen amerikanischen Sommerfrischler aus den 20er Jahren bewundern. Einen Abstecher verdient auch das Örtchen *Coaticook,* wo im Parc de la Gorge de Coaticook eine 170 m lange ☙ Fußgängerbrücke über eine Schlucht führt. Besonders dann, wenn sich im Herbst das Laub an den üppigen Bäumen verfärbt, ist die Region sehr sehenswert.

Auberge Hatley Inn

Stilvoll restauriertes Country Inn mit ☙ Blick über den See. Sehr gutes Restaurant. *25 Zi., Route 108, North Hatley, Tel. 819/842-24 51, Fax 842-29 07, Kategorie 1*

Association Touristique des Cantons de l'Est

25, Rue Bocage, Sherbrooke, PQ J1L 2J4, Tel. 819/820-20 20, Fax 566-44 45

MINGAN-ARCHIPEL

(119/E 2) Die Route Jacques-Cartier, die von Québec City aus das Nordufer des St. Lawrence erschließt, endet nach rund 650 km in *Havre-Saint-Pierre,* von dem aus Bootstouren in die Inselwelt des *Parc National de l'Archipel Mingan* angeboten werden. Ebbe und Flut haben dort bizarre Felssäulen aus dem weichen Kalkstein erodiert. Auf den mehr als 40 Inseln, die in einer langgestreckten Kette vor der Küste liegen, kann man zahlreiche Vogelkolonien beobachten.

TOUREN

La Tournée des Îles
Drei- bis vierstündige Bootstouren zu den schönsten Felsformationen. *Havre-Saint-Pierre, Tel. 418/538-3285*

QUÉBEC CITY

(125/F 2) Gepflasterte winkelige Gassen, steinerne Stadttore und trutzige Bastionen – die mittelalterlich wirkende Hauptstadt (670 000 Ew. im Großraum) der Provinz Québec ist einzigartig in Nordamerika. Die zahllosen amerikanischen Touristen sind entzückt von so viel Altstadtcharme. Als Europäer ist man zumindest verblüfft. Aber das bereits 1608 an der Mündung des St. Charles in den St. Lawrence gegründete Québec City kann tatsächlich mit einer langen Geschichte aufwarten – eine Seltenheit im jungen Kanada.

Schon im 17. Jh. war die von Samuel de Champlain gegründete Stadt das kulturelle und wirtschaftliche Zentrum der Kolonie Neufrankreich. Im Siebenjährigen Krieg fiel sie in die Hände der Engländer, blieb aber über die Jahrhunderte eine Bastion französischer Lebensart – der Besucher kann hier ein ganz anderes Bild der Neuen Welt kennenlernen.

BESICHTIGUNGEN

Auf einer schmalen Uferterrasse am St. Lawrence liegt die *Basse ville,* wo Champlain das erste kleine Fort der Franzosen errichtete. In den alten Häusern an der Rue de Petit-Champlain und um die Place Royale mit der 1688 erbauten Kirche *Notre-Dame-des-Victoires* haben heute Galerien, Cafés und Souvenirläden Einzug gehalten. Darüber thront auf steiler Klippe die *Haute ville* mit ihrem Wahrzeichen, dem prunkvollen *Hôtel Château Frontenac,* unter dessen grünspanigen Dächern schon Präsidenten und Könige schliefen. Rings um das Schloßhotel drängen sich, von einer Stadtmauer umkränzt, die Gassen und Plätze der Altstadt: die quirlige *Place d'Armes,* die ❧ *Aussichtspromenade Terrasse Dufferin* und die *Rue St-Louis* mit vielen Häusern aus dem 17. Jh. Am Südrand der Stadt, auf der Spitze des 110 m hohen Cap aux Diamants, steht die mächtige *Zitadelle* in beherrschender Position über dem St. Lawrence. Die weitläufigen Wiesen der *Plaines d'Abraham* vor den Mauern der Burg waren 1759 Schauplatz der entscheidenden, nur 20 Minuten dauernden Schlacht zwischen Franzosen und Engländern um die Vorherrschaft in Amerika.

Beim Besuch in Québec bleibt das Auto am besten in der Hotelgarage. Die kompakte Altstadt können Sie gut zu Fuß erkunden. Für den schönsten Blick auf die Stadt müssen Sie aufs Wasser: zu einer *Hafenrundfahrt* oder – preiswerter – zu einer Fahrt mit der ⚜ Fähre nach Lévis ans Südufer des hier gut 800 m breiten St. Lawrence.

Cathédrale Notre-Dame

Die Basilika, nach einem Brand 1922 wiederaufgebaut, wurde 1643 als älteste Pfarrkirche Nordamerikas errichtet. Viele Pioniere Neufrankreichs sind in der Krypta begraben. *16, Rue Buade, Führungen im Sommer 9–15, Sa/So bis 16.30 Uhr, abends Son-et-lumière-Show*

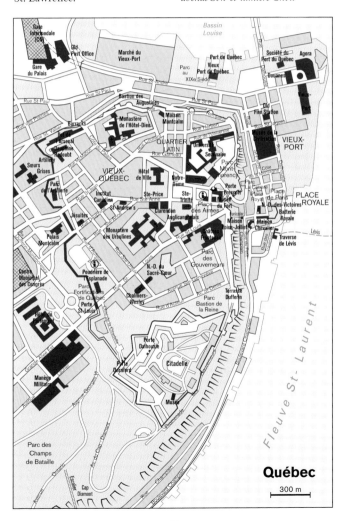

Québec

300 m

La Citadelle

Mehr als 30 Jahre dauerte ab 1820 der Bau dieser sternförmigen Festung über der Stadt – und sie wurde nie gebraucht. *Eingang von der Rue St-Louis, Führungen und Militärmuseum, im Sommer tgl. 9–18 Uhr, Eintritt $ 5, im Sommer auch tgl. um 10 Uhr Wachwechsel*

MUSEEN

Musée de la Civilisation

Wechselnde Ausstellungen zur Kulturgeschichte Québecs in einem spektakulären Museumsbau. *85, Rue Dalhousie, im Sommer tgl. 10–19, Mi bis 21, im Winter Di bis So 10–17 Uhr, Eintritt $ 7*

Musée du Fort

Patriotisches Spektakel, das die Belagerungen und Schlachten des 18. Jhs. illustriert. *10, Rue Ste-Anne, im Sommer tgl. 10–18, sonst Mo–Fr 10–12.30 und 14–17, Sa/So bis 17 Uhr, Eintritt $ 5,50*

Musée du Québec

Eine umfassende Chronologie des Kunstschaffens in der Provinz: Gemälde, Skulpturen und typisches Kunsthandwerk. *1, Av. Wolfe-Montcalm, tgl. 10–17.45, im Winter Mo geschl., Eintritt $ 5,75*

Parc de l'Artillerie

Ausstellungen zur Stadtbefestigung. Großes Modell Québecs von 1808. *2, Rue d'Auteuil, tgl. 10 bis 17 Uhr, im Winter nach Anmeldung, Tel. 418/648-42 05, Eintritt $ 3*

RESTAURANTS

Auch die kleinen Restaurants in Québec City zeichnen sich durch hervorragende Qualität aus. Fragen Sie nach der meist preis-werten *table d'hôte* (Tagesgericht). Reservierung ist in den besseren Restaurants übrigens auch zu Mittag üblich.

Bonaparte

Ausgezeichnete französische Küche in einem Haus von 1823. Terrasse. *680, Grande Allée, Tel. 418/647-47 47, Kategorie 1–2*

Le Cochon Dingue

⚘ Junges Bistro am Hafen, gute Nachspeisen. *46, Bd. Champlain, Tel. 418/692-20 13, Kategorie 3*

Le Saint-Amour

Romantisch mit Gartenterrasse. Französische Küche und gute Weinkarte. *48, Rue Ste-Ursule, Tel. 418/694-06 67, Kategorie 2*

La Table de Serge Bruyère

Französische Küche in einem der hervorragenden Restaurants der Stadt. *1200, Rue St-Jean, Tel. 418/694-06 18, Kategorie 1*

HOTELS

Auberge Louis Hébert

Kleines Hotel neben dem Parlament mit vorzüglichem Restaurant. *9 Zi., 668 Grande Allée Est, Tel. 418/525-78 12, Fax 525-62 94, Kategorie 1*

Belley

Einfache kleine Pension am Hafen. *8 Zi., 249, Rue St-Paul, Tel. 418/692-16 94, Fax 692-16 96, Kategorie 3*

Le Château Frontenac

★ Schloßartiges Traditionshotel im Mittelpunkt der Altstadt. Pianobar mit ⚓ Blick. *613 Zi., 1, Rue des Carrières, Tel. 418/692-38 61, Fax 692-17 51, Kategorie 1*

Manoir Ste-Geneviève
Sehr gepflegte Pension in historischem Bürgerhaus. *9 Zi., 13, Av. Ste-Geneviève, Tel. und Fax 418/ 694-16 66, Kategorie 2*

Manoir Victoria
Renoviertes Hotel im Herzen der Innenstadt. *145 Zi., 44, Côte du Palais, Tel. 418/692-10 30, Fax 692-38 22, Kategorie 1–2*

Die beliebteste Flanierstraße für den Abend ist die ✝ *Grande Allée* außerhalb der Stadtmauer. Während des Sommers stellen die Cafés Stühle und Tische auf die breiten Gehwege, Chansonniers bringen ihre Gitarren zum Klingen, und drinnen trifft sich die junge Szene: z. B. bei *Chez Dagobert (Nr. 600)* oder bei ✪ *Chez Maurice (Nr. 575)*. Eine riesige Bierauswahl bietet der *Pub Saint-Alexandre (1087, Rue St. Jean in der Altstadt).*

Office du Tourisme de Québec
835, Av. Wilfrid-Laurier, Québec, PQ G1R 2L3, Tel. 418/692-24 71, Fax 692-14 81

Maison du Tourisme de Québec
12, Rue Ste-Anne, Tel. 800/363-77 77

Côte de Beaupré   (125/F 1–2)
Einen Tag sollten Sie für einen Ausflug auf der Route 360, der »Straße des Königs«, zum geschichtsreichen Nordufer des St. Lawrence einplanen. Das im normannischen Stil 1673 erbaute *Bellanger-Girardin-Haus* in Beauport verdient einen Stopp ebenso wie das 83 m hohen *Montmorency-Wasserfälle.* Von der ★ *Manoir Montmorency (ausgezeichnetes Restaurant mit Québecer Küche, Tel. 418/663-33 30)* oberhalb der Fälle haben Sie einen schönen ◁◁ Blick. Nicht verpassen sollten

Der St. Lawrence hat selbst bei Québec City eine beachtliche Breite

Sie auch das in einer Mühle von 1695 untergebrachte *Besucherzentrum* in Château-Richer, das in Ausstellungen die Geschichte der Côte de Beaupré dokumentiert *(7007, Av. Royale).*

Ste-Anne-de-Beaupré ist der berühmteste Wallfahrtsort Nordamerikas. Im Untergeschoß der 1923 vollendeten Basilika der hl. Anna, Schutzpatronin der Seefahrer, zeugen zahllose abgelegte Krücken von den Wundern, die diesem Ort zugeschrieben werden. Einige Kilometer weiter östlich ist jeden Herbst gegen Ende September ein *Naturwunder* zu bestaunen, wenn bis zu 300 000 Schneegänse am Cap Tourmente Station machen auf ihrem Zug nach Süden.

Île d'Orléans (125/F 1–2)

★ Bauerndörfer, malerische Kirchlein mit uralten Friedhöfen, beschauliche Landszenen vor der Kulisse des breiten St. Lawrence – die Zeit scheint stehengeblieben zu sein auf der 30 km langen Insel östlich von Québec City. Bis zum Bau einer Brücke zum Festland 1935 lebten die Bewohner des Eilands trotz der Stadtnähe in völliger Abgeschiedenheit. Auf einer Ringstraße können Sie ❧ Panoramablicke auf Québec City und den St. Lawrence genießen und an den Straßenständen die Produkte der Bauern kosten: Ahornsirup, Honig, Cidre und Erdbeeren.

SAGUENAY-REGION

(118/B 3) In einem von Gletschern tief herausgeschürften Fjordtal strömt der Saguenay-Fluß vom Lac Saint-Jean zum St. Lawrence. Nahe der Flußmündung bei *Ta-doussac* sammeln sich im Sommer und Herbst Beluga- und Blauwale, die oft bei der Fährfahrt über die Bucht oder bei organisierten *Waltouren* beobachtet werden können. Ein *Besucherzentrum* mit Ausstellungen über die Wale liegt auf der gegenüberliegenden Flußseite in Baie Ste-Catherine.

Weiter flußaufwärts im *Parc du Saguenay* ragen um die ❧ Baie Éternité steile Felsen bis 400 m hoch über dem Tal auf. Hier finden Sie schöne Wanderwege. Am oberen Ende des Fjords liegt der Handelshafen *Chicoutimi*, einer der frühen Industrieorte Québecs. Um 1920 stand hier das größte Zellulosewerk der Welt.

Der Ursprung des Saguenay, der *Lac Saint-Jean,* ist ein fast kreisrunder Restsee aus der Eiszeit von 900 qkm Fläche. Den Québecern gilt er als beliebtes Segelrevier und Ferienziel mit schönen Stränden. Im Sommer reifen in den Wäldern ringsum die Blaubeeren – und Sie sollten nicht verpassen, hier eine der berühmten Blaubeertorten zu versuchen.

MUSEEN

Musée amérindien

Sammlungen der Montagnais im kleinen indianischen Dorf Mashteuiatsh. *Im Sommer tgl. 9–18 Uhr, Eintritt $ 3*

Val Jalbert

Das Industriestädtchen am Südufer des Lac St-Jean ist heute nur noch deshalb mit Leben erfüllt, weil es als Freilichtmuseum dient. Ein sehr schöner 72 m hoher Wasserfall befindet sich hinter dem Sägewerk. *Im Sommer tgl. 9–19 Uhr, Eintritt $ 8,50*

Die Marco Polo Bitte

Marco Polo war der erste Weltreisende. Er reiste in friedlicher Absicht, verband Ost und West. Er wollte die Welt entdecken, fremde Kulturen kennenlernen, nicht zerstören. Könnte er für uns Reisende des 20. Jahrhunderts nicht Vorbild sein? Aufgeschlossen und friedlich sollte unsere Haltung auf Reisen sein. Dazu gehören auch Respekt vor Mensch und Tier und die Bewahrung der Umwelt.

WWF

La Vieille Pulperie

Faszinierendes Industriemuseum in einer 100 Jahre alten Zellulosefabrik. Theateraufführungen. *Chicoutimi, 300, Rue Dubuc, im Sommer tgl. 9–18 Uhr, Eintritt $ 8,50*

TOUREN

La Marjolaine

Tageskreuzfahrten auf dem Saguenay. *Chicoutimi, Tel. 418/543-76 30, Fax 693-17 01*

HOTEL

Tadoussac

Herrliches altes Hotel zur nostalgischen Sommerfrische direkt am St. Lawrence. *149 Zi., Tadoussac, Tel. 418/235-44 21, Fax 235-46 07, Kategorie 2*

AUSKUNFT

Association touristique du Saguenay

198, Rue Racine Est, Bureau 210, Chicoutimi, PQ G7H 1R9, Tel. 418/543-97 78, Fax 543-18 05

TROIS-RIVIÈRES

(125/E 3) Die alte Industriestadt (71 000 Ew.) auf dem Hochufer über dem St. Lawrence westlich von Québec City ist ein guter Ausgangspunkt für Ausflüge in das St-Maurice-Tal der Laurentines-Berge. Auf dem St-Maurice-Fluß, der in drei Armen in den St. Lawrence mündet, werden noch immer große Mengen Holz aus dem Hinterland zur Stadt geflößt. In der Altstadt des bereits 1634 gegründeten Trois-Rivières, um den Rathausplatz und die Rue des Ursulines, finden sich noch zahlreiche Häuser aus dem 18. Jh.

MUSEUM

Forges-du-Saint-Maurice

Industriemuseum, das die aus dem Jahr 1730 stammende älteste Eisenhütte Kanadas bewahrt. *10 000, Boulevard des Forges, im Sommer tgl. 9–17 Uhr, Eintritt $ 4*

ZIEL IN DER UMGEBUNG

Parc National de la Mauricie (125/D 2)

★ Der seen- und waldreiche Park ist ein guter Tip für Kanufahrer, die Tagestouren oder auch längere Fahrten unternehmen können. Das Flußtal des St-Maurice am Ostrand des Parks ist eine Ferienregion mit Hotels, Golfplätzen und Wandermöglichkeiten. *Kanuvermietung* bei den Infozentren an den Eingängen des Parks.

Karges Land, reiches Meer

Der rauhe Ozean prägt das Leben in den Provinzen des Ostens

Stille Wattlandschaften und dramatische Fjordküsten, tiefe Wälder und ungebändigte Flüsse – die Atlantikregion Kanadas (**119/ D-F4-6**) erinnert in vielem an die schönsten Landstriche in Schottland oder Norwegen. An den geschützten Buchten laden bunte Fischerdörfer und emsige Hafenstädte, in denen sich schon vor Jahrhunderten Schotten, Engländer und Franzosen niederließen, zum Besuch ein.

Die drei hier beschriebenen Atlantikprovinzen – die geographisch und kulturell recht eigenständige Inselprovinz Neufundland verdient ein eigenes Kapitel – sind ein überraschend vielfältiges Urlaubsland, das zu Unrecht in Europa noch wenig bekannt ist. Die Provinz Nova Scotia bietet herrliche Segelreviere und eine der herausragenden Panoramastraßen des Kontinents, den Cabot Trail. Er führt an der wind- und wellenumtosten Steilküste von Cape Breton Island entlang. Ganz anders dagegen die winzige Inselprovinz Prince Edward Island: ein liebliches Farmland mit Bilderbuchdörfern und ausgedehnten feinsandigen Badestränden. Eine gigantische, knapp 13 km lange Brücke verbindet das Eiland seit 1998 mit dem Festland. New Brunswick schließlich, die waldreiche Provinz an der Grenze zu den USA, rühmt sich der höchsten Gezeitenunterschiede auf der ganzen Welt: über 12 Meter kann der Tidenhub in der Bay of Fundy ausmachen. Kilometerweit fällt der Meeresboden bei Ebbe trocken – ein Paradies für Wattwanderer.

Neben den Augen kommt aber auch der Gaumen nicht zu kurz. Das Meer deckt den Tisch. Die Restaurants der idyllischen Hafenorte in den drei Provinzen servieren fangfrischen Hummer, Atlantiklachs und vorzügliche Austern zu moderaten Preisen.

Eine Rundfahrt durch die Atlantikprovinzen (Saison ist von Ende Mai bis Ende September) beginnen Sie am besten in Halifax, das einen internationalen Flughafen und eine umfassende touristische Infrastruktur bietet. Abseits der wenigen größeren

In Peggy's Cove an der Atlantikküste Nova Scotias stehen die Reusen für den Hummerfang bereit

Orte leben nur wenige Menschen, zumeist sind sie Fischer und Kleinbauern. An Campingplätzen, kleinen Motels und gemütlichen Bed & Breakfast-Häusern mit Familienanschluß mangelt es jedoch nirgendwo.

ANNAPOLIS ROYAL

(119/D6) Umgeben von Obstplantagen und pittoreskem Farmland liegt der kleine Ort (600 Ew.) in der Nähe von Digby an der Bay of Fundy im Nordwesten Nova Scotias. Viktorianische Häuser prägen heute das Straßenbild, die Stadtgeschichte geht allerdings viel weiter zurück: Samuel de Champlain gründete 1605 auf dem gegenüberliegenden Ufer des Annapolis Basin die erste Siedlung in Kanada, die Habitation Port Royal. Aus den Kriegen des 18. Jhs. blieb noch die Festung *Fort Anne* im Ortszentrum erhalten. Eine ganz moderne Sehenswürdigkeit ist dagegen das *Gezeitenkraftwerk* am Stadtrand, in dem die hohen Tiden der Bay of Fundy genutzt werden (Ausstellungen).

Versäumen Sie übrigens nicht, die berühmten *Digby Scallops,* leckere Jakobsmuscheln, zu probieren, die von der Fangflotte des benachbarten Hafens Digby eingebracht werden.

MUSEUM

Habitation Port Royal
Rekonstruktion von Champlains Palisadenfort. Anschauliche Vorführungen informieren über das Pionierleben im Jahr 1605. *Port Royal, im Sommer 9–18 Uhr, Eintritt $ 2,75*

HOTELS

Garrison House
Kleines historisches Hotel mit Restaurant. *7 Zi., 350 St. George St., Tel. 902/532-57 50, Fax 532-55 01, Kategorie 3*

MARCO POLO TIPS
FÜR DIE ATLANTIKKÜSTE

1 **Panoramafahrt am Cabot Trail**
Die schönste Küstenstraße am Atlantik (Seite 73)

2 **Flower Pot Rocks**
Spektakuläres Naturwunder: 12 m hohe Gezeitenunterschiede machen ein Naturgesetz sinnlich erfahrbar (Seite 76)

3 **Hummeressen in P. E. I.**
Die köstlichsten Krustentiere Kanadas (Seite 81)

4 **Kanutour im Kejimkujik Park**
Man fühlt sich wie einst die Pelzhändler (Seite 79)

5 **Louisbourg**
Ein Kleinod aus der Frühzeit Kanadas: Frankreichs Festung in der Neuen Welt (Seite 74)

6 **Peggy's Cove Lighthouse**
Perfektes Fotomotiv: ein weißer Leuchtturm auf den Klippen (Seite 79)

The Pines

Weitläufiges Ferienhotel an der Küste. Eigener Golfplatz und sehr gutes Restaurant. *143 Zi., Digby, Tel. 902/245-25 11, Fax 245-61 33, Kategorie 1*

CAPE BRETON ISLAND

La Forteresse de Louisbourg: Männer in historischen Soldatenuniformen

(119/F 4–5) »*Ciad mile Failte!*« Hunderttausend Willkommen! Der alte gälische Gruß ist auf Cape Breton noch oft zu hören. Seit 200 Jahren siedeln Schotten auf der rund 10 300 qkm großen Insel im Osten von Nova Scotia. Daß sie sich hier wohl fühlen, kann man verstehen, denn das karge Hochland und die umbrandeten Küsten ähneln verblüffend den schottischen Highlands.

Eine Inselrundfahrt – das sind Begegnungen mit Geschichte und spektakulärer Natur. Bester Ausgangspunkt für die Tour ist *Baddeck* im Norden des 70 km langen *Bras-d'or-Salzwassersees* im Inselinneren. In dem schön gelegenen Ferienort verbrachte Alexander Graham Bell, der Erfinder des Telefons, viele Sommer. In einer Tagestour können Sie von Baddeck aus auf dem 300 km langen ★ ◁ *Cabot Trail* die Nordspitze der Insel umrunden. Er wird zu Recht als schönste Panoramastraße Ostkanadas gerühmt: einsame Steilküsten und stille Hochmoore, rote Granitfelsen, die in der Gischt glitzern, und winzige Fischerdörfer, in denen sich die hölzernen Hummerfallen stapeln.

Der schönste Teil der Strecke verläuft durch den *Cape Breton Highlands National Park*. Nahe dem Nordeingang des Parks hört man plötzlich neue Töne – französische. Der kleine Ort *Chéticamp* ist eine Enklave der Akadier. Ihre Vorfahren, französische Siedler aus Nova Scotia und New Brunswick, flüchteten 1755 vor den Engländern in diese unwirtliche Region. Im *Acadian Museum* und in mehreren Läden können Sie ihr traditionelles Kunsthandwerk bewundern: farbenprächtige Wandteppiche und filigrane Häkelarbeiten.

Ein Abstecher in den Süden von Cape Breton Island ist zugleich ein Ausflug in die Geschichte Kanadas. Vorüber an alten Kohlerevieren und an der Hafenstadt *Sydney,* von der aus die Fähren nach Neufundland ablegen, führt der Hwy. 22 zur Südküste. Hier liegt – heute als beeindruckendes Museumsdorf rekonstruiert – die *Festungsstadt Louisbourg,* die vor 250 Jahren das Machtzentrum der Franzosen in der Neuen Welt war.

MUSEEN

Alexander Graham Bell National Historic Park

Großes Museum neben dem Wohnhaus des Erfinders, der nicht nur das Telefon, sondern auch die erste eiserne Lunge, Luftkissenboote und Flugzeuge ersann. *Baddeck, im Sommer 9–20, sonst 9–17 Uhr, Eintritt $ 3,75*

La Forteresse de Louisbourg

★ Exerzierende Soldaten, schachernde Pelzhändler und regierende Adelige – ein exaktes Abbild vom Leben im Jahr 1744. Die Liebe zum »unverfälscht« Historischen geht hier sogar so weit, daß man in den beiden Restaurants der Museumsstadt nach Originalrezepten aus dem 18. Jh kocht. *Louisbourg, im Sommer tgl. 9–19 Uhr, Eintritt $ 11*

Miners' Museum

Führungen in ein Kohlebergwerk unter dem Meeresboden. *Glace Bay, im Sommer tgl. 10–18, sonst Mo–Fr 9–16 Uhr, Eintritt $ 6,50*

RESTAURANTS

Acadian

Frankokanadische Kost im einfachen Museumslokal der Akadier von Chéticamp. *774 Main St., Tel. 902/224-21 70, Kategorie 3*

Chowder House

Einfach und deftig: frischer Fisch mit ⟨⟩ Blick übers Meer. *In Neil Harbour, Tel. 902/336-25 41, Kategorie 3*

Keltic Lodge

Regionale Spezialitäten, ein fabelhafter ⟨⟩ Blick. *In Ingonish Beach, Tel. 902/285-28 80, Kategorie 2*

Lobster Gallery

Hafenrestaurant. Guter Fisch und Hummer. *In South Gut St. Ann, Tel. 902/295-31 00, Kategorie 2*

HOTELS

Inverary Inn

Großes gepflegtes Hotel mit ⟨⟩ Blick über den Bras d'or Lake. Ausgezeichnete Küche. *125 Zi., Baddeck, Tel. 902/295-35 00, Fax 295-35 27, Kategorie 1–2*

Silver Dart Lodge

Gemütliche Hütten mit offenem Kamin. *90 Zi., Baddeck, Tel. 902/295-23 40, Fax 295-24 84, Kategorie 2*

TOUREN

An der Nordküste von Cape Breton Island werden Bootsfahrten zur *Walbeobachtung* angeboten, z. B. von *Whale Cruisers in Chéticamp (Tel. 902/224-33 76, Fax 224-11 66)* oder von *Captain Cox Whale Watch in Capstick (Tel. 902/383-29 81 im Sommer, 492-03 25 von Anfang Okt. bis Ende April).*

Kayak Cape Breton

Geführte Kajaktouren auf dem Bras d'Or Lake und entlang der Küste. Auch Kanu-, Kajak- und Radvermietung. *West Bay, Tel. und Fax 902/535-30 60*

CARAQUET

(119/D 4) Die hübsch gelegene Hafenstadt (4600 Ew.) an der geschützten Baie des Chaleurs im Nordosten von New Brunswick ist das Zentrum der Péninsule Acadienne, eines akadischen (altfranzösischen) Siedlungsgebiets.

Neben der Sprache wird auch die akadische Kochkunst in dieser Region noch gepflegt.

MUSEUM

Village Historique Acadien

Weitläufiges Museumsdorf, das das Pionierleben der französischen Siedler und ihre Handwerkskunst darstellt. Kostümierte »Akadier« arbeiten in der Schmiede, beackern die Felder und servieren in der Taverne. *Hwy. 11, rund 10 km westlich von Caraquet, im Sommer tgl. 10–18 Uhr, Eintritt $ 8,75*

RESTAURANT

Hotel Paulin

Akadische Küche im alten Bahnhofslokal. *143 Bd. St-Pierre, Tel. 506/727-99 81, Kategorie 2*

FREDERICTON

(119/D5) Eine liebenswerte Kleinstadtatmosphäre empfängt den Besucher in der nur 47 000 Ew. zählenden Hauptstadt von New Brunswick, die im breiten Tal des Saint John River im Herzen der Provinz liegt. Sie wurde ursprünglich von den Franzosen gegründet, 1785 wanderten aber viele britische Loyalisten aus den USA ein. Die heute als Museen genutzten *Militärbauten an der Queen Street,* die in englischer Neugotik erbaute prächtige *Christ Church Cathedral* im Stadtzentrum und die sehr schön gelegene *University of New Brunswick* zeugen vom Einfluß der Briten. Extratip: Jeden Samstagmorgen ist ✪ *Farmers Market* an der George St.

MUSEEN

Beaverbrook Art Gallery

Ausgezeichnetes Kunstmuseum mit Werken von William Turner und Thomas Gainsborough. *703 Queen St., im Sommer Mo–Fr 9–18, Sa/So 10–17, sonst Di–Sa 9–17, So 12–17 Uhr, Eintritt $ 3*

Kings Landing Historic Settlement

Beim Bau eines Staudamms am Saint John River wurden 25 historische Gebäude vor der Überflutung gerettet und zu einem typischen britischen Loyalistendorf

Kartoffel- und Kürbisliebhaber aufgepaßt! Farmers Market bei Fredericton

des 18. Jhs. zusammengefügt. Die schauspielernden »Einwohner« lassen die Webstühle klappern und servieren im King's Head Inn Herzhaftes nach Art der Pioniere. Ein halber Tag läßt sich hier gut zubringen. *Am Hwy. 2, 35 km westlich von Fredericton, im Sommer tgl. 10–17 Uhr, Eintritt $ 9*

HOTEL

Carriage House Inn

Gemütliches Bed & Breakfast-Haus im Queen-Anne-Stil nahe der Innenstadt. *10 Zi., 230 University Av., Tel. 506/452-99 24, Fax 458-07 99, Kategorie 2–3*

AUSKUNFT

Fredericton Tourism

P. O. Box 130, Fredericton, NB E3B 4Y7, Tel. 506/452-96 16, Fax 452-95 09. Visitor Centre im Rathaus an der Queen St.

FUNDY NATIONAL PARK

(119/D 5) Im hügeligen Hinterland des gut 200 qkm großen Parks an der Südküste von New Brunswick leben Elche, Wildkatzen und Rehe. Am Nordufer der Bay of Fundy bricht ◣ das Plateau in über 60 m hohen Klippen zum Meer ab. Besonders eindrucksvoll ist der Gezeitenunterschied in der Bucht, der größte der Welt. Wo bei Flut 12 m tiefes Wasser schwappt, können Sie bei Ebbe trockenen Fußes das Watt erkunden. Etwa 40 km östlich des Parks am *Hopewell Cape* wird der Tidenhub besonders deutlich: Die ★ *Flower Pot Rocks* sind bei ho-

hem Wasserstand kleine Inseln, sechs Stunden später ragen sie als 15 m hohe Felsen aus dem trockenen Meeresboden.

HALIFAX

(119/E 6) Die Hauptstadt Nova Scotias (330 000 Ew.) ist nicht nur das wirtschaftliche und kulturelle Zentrum dieser Provinz, sondern auch der ganzen Atlantikregion Kanadas. Vor allem ist sie aber – wie ein Blick über den gut 25 km langen Naturhafen mit seinen vielen Handels- und Kriegsschiffen zeigt – eine Hafenstadt, die von und mit dem Meer lebt, eine werktags hart arbeitende Hafenstadt, die aber am Freitag- und Samstagabend auch zu feiern versteht. So herrscht, recht ungewöhnlich für Nordamerika, in der Innenstadt ein reges Nachtleben. Nicht zuletzt sind es die fünf Universitäten, die Studenten aus allen Atlantikprovinzen anlocken und der Stadt ein jugendliches Image geben.

Dabei kann die Stadt auf ihr Alter und ihre historischen Sehenswürdigkeiten durchaus stolz sein. Die Engländer wählten die eisfreie, strategisch günstig gelegene Bucht bereits 1749 als Stützpunkt. Sie gründeten ein erstes Fort auf dem steilen Hügel über dem Hafen. Im Lauf der Jahrzehnte wurde daraus eine trutzige Zitadelle, in deren Schutz eine reiche Handelsstadt aufblühte. Und wenn auch von der Festung nie ein Schuß abgefeuert wurde, so reichte doch die militärische Bedeutung von Halifax bis in dieses Jahrhundert: Von hier liefen während der beiden Weltkriege die Schiffskonvois nach England aus.

Trotz aller Historie ist Halifax eine prosperierende moderne Stadt

Mittelpunkt der Innenstadt und des Geschäftslebens ist die *Grand Parade,* eine kleine Parkanlage, flankiert vom *Rathaus* und der *St. Paul's Church,* der 1750 erbauten ältesten anglikanischen Kirche Kanadas. Von dort sind es zwei Straßen hangabwärts an der Prince Street entlang bis zum *Province House* von 1818, dem Parlamentssitz von Nova Scotia und einem der besonders schönen georgianischen Bauwerke in Nordamerika. Gleich dahinter beginnt die *Harbour Front,* das liebevoll restaurierte Hafenviertel entlang der Lower Water Street. Die alten Piers und die Lagerhallen der Privateers, der Piraten des Königs, wurden mit Boutiquen, Restaurants und Cafés neu belebt. Besonders gelungen ist der Komplex der *Historic Properties* am Fuß der Duke Street. Hier legen auch die Schiffe zur Hafenrundfahrt ab. Eine Fähre überquert den Halifax Harbour nach Dartmouth, der Schwesterstadt von Halifax am Ostufer der Bucht.

MUSEEN

Halifax Citadel
Die zwischen 1828 und 1856 erbaute Festung in beherrschender Lage über der Innenstadt ist heute Militärmuseum, die Town Clock das Wahrzeichen von Halifax. *Tgl. 9–17, im Sommer bis 18 Uhr, Eintritt $ 6, im Winter $ 3,75*

Maritime Museum
Es zeigt die Geschichte der Segel- und Dampfschiffahrt im Nordatlantik – einschließlich einiger Relikte der »Titanic«. *1675 Lower Water St., tgl. 9.30–17.30, So ab 13 Uhr, im Winter Mo geschl., Eintritt $ 4,50*

Nova Scotia Museum
Geologie, Geschichte der Natur und der Provinz, eine kleinere Sammlung zur Lebensweise der Micmac-Indianer. *1747 Summer*

St., tgl. 9.30–17.30, So ab 13 Uhr, im Winter Mo geschl., Eintritt $ 3,50

RESTAURANTS

Five Fishermen
Das bekannteste Fischlokal der Stadt: historisches Dekor mit viel Messing und Holz, auf den Tisch kommen Lachs und Hummer. *1740 Argyle St., Tel. 902/422-44 21, Kategorie 1–2*

McKelvie's
✪ Sehr beliebtes Meeresfrüchterestaurant in einer alten Feuerwache. *1680 Lower Water St., Tel. 902/421-61 61, Kategorie 2*

Ryan Duffy's
Ein elegantes Dinnerlokal: Steak und Fisch in allen Variationen. *5640 Spring Garden Rd., Tel. 902/421-11 16, Kategorie 1–2*

Salty's on the Waterfront
Eine gute Adresse für Lachs und Hummer: Im Obergeschoß wird fein diniert mit ◁▷ Blick über den Hafen, im Erdgeschoß gibt's Frühstück und Lunch. *Historic Properties, 1869 Water St., Tel. 902/423-68 18, Kategorie 1–2*

EINKAUFEN

Galerien, Souvenirs, indianisches Kunsthandwerk und viel an nautischen Nippes finden Sie in den *Historic Properties.* Shopping-Malls und zahlreiche Boutiquen liegen an der Duke St. und entlang der Spring Garden Rd.

Barrington Place
Eine gepflegte kleine Mall hinter historischer Fassade, in der es sich schön flanieren läßt. *Barrington St./ Duke St.*

Jennifer's
Kunsthandwerk made in Nova Scotia. *5635 Spring Garden Rd.*

HOTELS

Halliburton House Inn
28 Zimmer in einem historischen Haus am Südende der Innenstadt. *5184 Morris St., Tel. 902/420-06 58, Fax 423-23 24, Kategorie 3*

Lord Nelson
Einfaches älteres Hotel gegenüber den – übrigens sehr schönen – Public Gardens. *174 Zi., 1515 South Park St., Tel. 902/423-63 31, Fax 423-71 48, Kategorie 2–3*

Sheraton
Luxushotel am Wasser neben den Historic Properties. Sehr guter Sonntagsbrunch. *351 Zi., 1919 Upper Water St., Tel. 902/421-17 00, Fax 422-58 05, Kategorie 1*

TOUREN

Bluenose II
Hafenrundfahrten auf dem detailgetreuen Nachbau des berühmten Seglers. *Auskunft unter Tel. 902/634-19 63*

Coastal Adventures
Ein- und mehrtägige Kajaktouren entlang der Ostküste von Nova Scotia. Auch Kajakvermietung. *P. O. Box 77, Tangier, NS B0J 3H0, Tel. und Fax 902/772-27 74*

AM ABEND

Das rührige Nachtleben konzentriert sich auf die ✪ Bars und Clubs im Viertel um die Grand Parade und in den Historic Properties. Versuchen Sie es bei ☆ *The Dome (1740 Argyle St.),* einem

Komplex mit mehreren Bars und Tanzflächen, im *Split Crow (1855 Granville St.)* oder im *Lower Deck* in den Historic Properties.

Tourism Nova Scotia
P. O. Box 456, Halifax, NS B3J 2M7, Tel. 902/425-57 81, Fax 420-12 86. Infobüros im Red Store in den Historic Properties und in 1595 Barrington St.

Peggy's Cove   (119/E 6)
Ein ★ Leuchtturm *(lighthouse)* auf dramatischen nackten Granitklippen, von der Brandung umtost, dazu einige bunte Fischerhäuschen – Peggy's Cove, rund 45 km südwestlich von Halifax, gilt als hübschester Fischerhafen am Atlantik. Die Besitzer der Souvenirläden freuen sich über den sommerlichen Ansturm der Touristen. Trotz des Rummels lohnt sich der Ausflug – besonders im farbenprächtigen Indian Summer, wenn es ruhiger ist.

KEJIMKUJIK NATIONAL PARK

(119/D 6) ★ 380 qkm Wälder, Seen und langsam mäandernde Flüsse im Binnenland von Nova Scotia. So stellt man sich Kanada vor: ein ideales Feriengebiet zum Kanufahren, Angeln und Baden.

Jake's Landing
Kanuvermietung und Shuttle-Service für Touren im Park. *Am Lake Kejimkujik, Tel. 902/682-21 96*

KOUCHIBOUGUAC NATIONAL PARK

(119/D 4) Sumpfwälder, Lagunen und herrliche Sandstrände sind die Attraktionen in diesem 240 qkm großen Schutzgebiet in der Nähe von *Chatham* an der Ostküste New Brunswicks. Aber auch ringsum, zwischen *Shediac* und *Tracadie*, finden Sie entlang der Küste lange Strände und kleine Erholungsorte.

LUNENBURG

(119/E 6) Die meisten der ca. 3000 Ew. des hübschen Fischerhafens an der Südküste von Nova Scotia sind Nachkommen von Deutschen und Schweizern, die sich um 1750 hier niederließen. Etliche Fischfabriken, Werften und wohlerhaltene Kapitänsvillen bestimmen das Stadtbild. Hier wurde 1921 die »Bluenose« gebaut, ein berühmter Schoner, der viele Segelregatten gewann und auf der kanadischen 10-¢-Münze abgebildet ist.

Fisheries Museum of the Atlantic
Alte Fotografien und zahlreiche Schaustücke schildern in den restaurierten Lagerhallen am Hafen die Geschichte von Seefahrt und Fischerei im rauhen Nordatlantik. Ein Aquarium und mehrere originale Fangschiffe sind zu sehen. *Im Sommer tgl. 9.30–17.30 Uhr, Eintritt $ 7*

Compass Rose Inn
Das Hotel befindet sich in einem denkmalgeschützten viktoriani-

Bunte Seefahrtsgeschichte: das Fisheries Museum of the Atlantic in Lunenburg

schen Haus. Gutes Restaurant. *4 Zi., 15 King St., Tel. 902/634-85 09, kein Fax, Kategorie 2–3*

PRINCE EDWARD
ISLAND

(119/E 4–5) Rote Kartoffeläcker, feine Sandstrände und die hübschen, anscheinend immer frisch gestrichenen Häuser der Fischer und Farmer sind das bleibende Bild im Gedächtnis jedes Besuchers. Die wie ein großer Garten anmutende Insel am Südrand des Gulf of St. Lawrence ist die kleinste Provinz Kanadas, nur 200 km lang und maximal 60 km breit. Dank seiner buchtenreichen Küste bringt es P. E. I., wie der Name meist abgekürzt wird, aber auf 800 km Strände. Und da sich das Meerwasser im Sommer auf über 20 Grad erwärmt, ist die Insel eines der bevorzugten Ferienziele der Kanadier während der Sommerferien. Durch schnelle Autofähren über die Northumberland Strait ist sie mit dem Hafen verbunden, und seit 1998 gibt es sogar eine Brücke: Die gewaltige, 12,9 km lange *Confederation Bridge* führt vom Festland bei Cape Tormentine in New Brunswick nach Borden auf P.E.I. Die technische Leistung beeindruckt, und das nicht nur, weil wegen des Treibeises im Winter spezielle Schutzschilde für die Brückenpfeiler entwickelt werden mußten.

Die Provinzhauptstadt *Charlottetown,* bereits 1720 als französische Siedlung gegründet, hat sich mit heute nur 15 000 Ew. eine liebenswerte Kleinstadtatmosphäre bewahrt. Im restaurierten Altstadtviertel Old Charlotte Town und an der Great George Street sind viele prächtige Stadthäuser der reichen Kapitäne und Händler erhalten geblieben.

Vier ausgeschilderte ❧ *Panoramarouten* führen – zumeist auf idyllischen Seitenstraßen – in alle Regionen der Insel. Einige der schönen Strände liegen an der Ost- bzw. Nordküste: mit weißem Sand in der Region um *Souris,* mit rötlichem Sand und schönen Dünen im *P.E.I. National Park* bei *Cavendish.* Zahlreiche Buchten und flache Lagunen bieten dort auch Lebensraum für Wasservögel und viele Zugvögel. Mehr als 300 Vogelarten wurden bereits gesichtet.

Noch ein Wort zu den kulinarischen Genüssen: Die stolze Behauptung, daß P.E.I. die besten Hummer Kanadas habe, sollten Sie in einem der vielen Fischrestaurants oder bei einem traditionellen ★ *lobster supper* unbedingt selbst überprüfen. Ebenso lecker sind die berühmten *Malpeque-Austern,* die in der flachen Meeresbucht nahe dem gleichnamigen Ort geerntet werden.

MUSEEN

Basin Head Fisheries Museum
In herrlicher Lage am Meer sind hier ein Aquarium und Sammlungen zur Fischindustrie zu sehen. *Hwy. 16, Souris, im Sommer tgl. 9–17 Uhr, Eintritt $ 3*

Green Gables House
Führungen durch das literaturbekannte Haus aus Lucy Maud Montgomerys Buch »Anne of Green Gables«. *Cavendish, im Sommer tgl. 9–20 Uhr, Eintritt 2,50*

Green Park Shipbuilding Museum
Eine Werft aus dem 19. Jh. und das restaurierte Haus eines Kapitäns lassen Seefahrerzeiten aufleben. *Hwy. 12, Port Hill, im Sommer Mo–Fr 9–17 Uhr, Eintritt $ 3*

Orwell Corner Historic Village
Das Freilichtmuseum zeigt das Leben auf P.E.I. um 1890. Vorführung gälischer Tänze. *Hwy. 1, Orwell, im Sommer Di–So 9–17 Uhr, Eintritt $ 3*

RESTAURANTS

Dalvay-by-the-Sea
Elegantes Dinnerrestaurant mit viktorianischem Dekor und ❧ Blick über einen kleinen See. *Route 6, Dalvay Beach, Tel. 902/672-20 48, Kategorie 2*

The Dunes
Bistro mit Töpferstudio in einem modernen Glas-und-Holz-Bau. Serviert werden auch ausgezeichnete Fisch- und Lammgerichte. *Route 15, Brackley Beach, Tel. 902/672-25 86, Kategorie 2*

Fisherman's Wharf
Im Sommer jeden Abend Hummer satt. *North Rustico, Tel. 902/963-26 69, Kategorie 2–3*

New Glasgow Lobster Suppers
Eine Tradition seit 1958: Das ganze Dorf hilft zusammen, um die Besucher mit Fischsuppe, Muscheln und Hummer zu verköstigen. *Route 258, New Glasgow, Tel. 902/964-28 70, Kategorie 2*

HOTELS

Loyalist Country Inn
Kleines Hotel im viktorianischen Stil direkt an der Südküste der Insel. *89 Zi., Summerside, 195 Harbour Dr., Tel. 902/436-33 33, Fax 436-43 04, Kategorie 2*

Shaw's Hotel
Gepflegtes Country Inn mit hübschen kleinen Hütten nahe dem Strand. Restaurant. *36 Zi., Brackley Beach, Tel. 902/672-20 22, Fax 672-30 00, Kategorie 2–3*

Stanhope by the Sea
Historisches Ferienhotel an der Nordküste. Golf und Windsur-

fen. *76 Zi., Stanhope, Tel. 902/672-20 47, Fax 672-29 51, Kategorie 2*

West Point Lighthouse
Nostalgisches Bed & Breakfast in einem und um einen Leuchtturm von 1875, das auch über ein sehr gutes Restaurant und ein kleines Museum verfügt. *9 Zi., West Point, O'Leary RR2, Tel. 902/859-36 05, Fax 859-31 17, Kategorie 2*

SPIEL UND SPORT

Cruise Manada
Zweistündige Bootstouren zu einer Robbenkolonie an der Ostküste der Insel. *Montague, Tel. 902/838-34 44*

AUSKUNFT

P. E. I. Visitor Services
P. O. Box 940, Charlottetown, P.E.I. C1A 7M5, Tel. 902/368-44 44, Fax 629-24 28. Visitor Centres an der Brücke und im Oaktree Place an der University Avenue in Charlottetown

SACKVILLE

(119/D 5) Die einst von den Loyalisten gegründete Kleinstadt (6000 Ew.) auf der schmalen Landbrücke zwischen New Brunswick und Nova Scotia hat vor allem bei Vogelfreunden einen guten Namen. In den Tantramar-Marschen rings um den Ort nisten zahlreiche Wasservögel. Im Frühjahr und Herbst sammeln sich hier Tausende von Schneegänsen und anderen Zugvögeln. Im Sackville Waterfowl Park am Hwy. 106 führt ein Naturlehrpfad durch die Marschen, der für Ornithologiebegeisterte ein absolutes Muß ist.

MUSEUM

Fort Beausejour
Im Jahr 1751 errichteten die Franzosen hier eine mächtige Festung – die jedoch wenig später von den Engländern eingenommen wurde. *Hwy. 2, 8 km östlich von Sackville, Museum im Sommer tgl. 9–17 Uhr, Eintritt $ 2,50*

HOTEL

Marshlands Inn
Ruhig gelegenes Country Inn mit gutem Restaurant. *17 Zi., 59 Bridge St., Tel. 506/536-01 70, Fax 536-07 21, Kategorie 2*

SAINT ANDREWS

(118/C 5) Das ruhige Hafenstädtchen (1700 Ew.) an der Passamaquoddy Bay, nur einen Steinwurf von der Grenze zum US-Staat Maine entfernt, ist seit gut 100 Jahren ein beliebtes Ziel für Sommerfrischler. Malerische alte Holzhäuser säumen die Hauptstraße Water Street mit ihren kleinen Läden und Seafood-Lokalen. Man kann gut *Walbeobachtungstouren* oder *Ausflüge* zu den vorgelagerten Inseln Deer Island, Campobello Island und Grand Manan Island unternehmen.

HOTELS

Algonquin
Historisches Grandhotel mit großer Veranda, schönem Golfplatz und weitläufigem Garten. *240 Zi., Route 127, Tel. 506/529-88 23, Fax 529-41 94, Kategorie 1–2*

Tara Manor Inn
Elegantes kleines Ferienhotel in einer Parkanlage. Tennisplatz

Idyll am Saint John River – aber Fernsehen muß sein

und ausgezeichnetes Restaurant. *27 Zi., 559 Mowat Dr., Tel. 506/529-33 04, Fax 529-47 55, Kategorie 2*

SAINT JOHN

(119/D 5) Die größte Stadt New Brunswicks (125 000 Ew.) an der Mündung des Saint John River in die Bay of Fundy besitzt den nach Halifax wichtigsten Hafen Kanadas am Atlantik. Die kleine Altstadt an der Flußmündung ist heute restauriert und lädt zum Bummel durch den ✪ *Old City Market* ein. Größte Attraktion der Stadt ist der *Saint John River*, der durch den großen Tidenhub zweimal am Tag seine Fließrichtung ändert – bei Flut drückt das Meerwasser landeinwärts. An den Stromschnellen der *Reversing Falls Rapids (Visitor Centre)* ist das Phänomen am besten zu beobachten.

MUSEUM

New Brunswick Museum
Das wahrhaftig älteste Museum ganz Kanadas – von der Geologie bis zur Pioniergeschichte New Brunswicks ist hier alles vertreten. *277 Douglas Av., Mo–Fr 9–21, Sa 10–18, So 10–17 Uhr, Eintritt $ 6*

HOTEL

Keddy's Fort Howe
Solides Mittelklassehotel am Westrand der Innenstadt. *137 Zi., 10 Portland St., Tel. 506/657-73 20, Fax 693-11 46, Kategorie 2–3*

Fjorde, Berge, Kabeljau

*Auf der weltabgeschiedenen Insel im Nordatlantik
gehen die Uhren anders*

Was zuallererst beeindruckt
auf der Reise nach Neufundland,
ist, abgesehen von den grandio-
sen Fjordlandschaften, die fast
schon unglaublich zu nennende
Gastfreundschaft der Menschen.
In den kleinen Städten, in den
unzähligen Fischerorten, überall
wird man mit offenen Armen
empfangen – und in manchen
der einsamen Siedlungen ist man
als Besucher das Ereignis des
Monats. Nur etwa 550 000 Menschen leben auf der gut 400 000
qkm großen Insel, zumeist weit
verstreut in den Buchten am
Meer. »The Rock«, den Felsen,
nennen sie ihre Heimat – und
viel mehr als Meer und Felsen
gibt es hier auch nicht.

Vor 1000 Jahren schon segel-
ten die Wikinger von Island aus
in die Neue Welt und gründeten
an der Nordspitze des heutigen
Neufundland eine Siedlung. Später, kurz nach Kolumbus, kam im
Jahr 1497 John Cabot und wies
den Weg für die nachfolgenden
englischen, französischen, baski-
schen und portugiesischen Fischer. Im 16. Jh. wurde die Insel

dann von den Engländern besiedelt – zur Provinz des Staates Kanada wurde sie erst 1949. Heute
gehört zu Neufundland außerdem noch Labrador am Festland,
eine wilde Welt aus einsamen
Fjorden und Buchten voller Eisberge, mit großen Bergzügen im
Inland und einsamer Tundra im
Norden.

Größte Sorge der Neufund-
länder ist heute der Fischfang.
Seit vier Jahrhunderten lebten
die Menschen auf dem »Felsen«
vom Kabeljaufang auf den einst
sagenhaft reichen Grand Banks,
dem weit in den Atlantik hinaus-
reichenden Festlandschelf. Schon
John Cabot schrieb, daß man nur
»einen Eimer ins Meer hängen
brauchte, um ihn voll Fische wieder hochzuziehen«. Damit ist es
heute vorbei. Nach jahrzehnte-
langer Überfischung sind die
Bestände dramatisch zurückge-
gangen. Viele Konservenfabriken
mußten schließen, viele Fischer
sind heute arbeitslos. Für die neu-
fundländischen Fangboote gelten
heute strikte Fangquoten, doch
außerhalb der 200-Meilen-Zone
»wildern« Fischer aus anderen
Ländern – Anlaß für den Fischereikrieg mit der EU im Frühjahr

Wirtschaftsfaktor Fisch

85

1995. So setzen die Neufundländer heute auf den Tourismus. Die herrliche Natur schafft dafür beste Voraussetzungen: Die Insel ist ein Paradies für Wanderer und Kajakfahrer, für Angler und Jäger. Per Flugzeug oder mit modernen Fähren von Sydney in Nova Scotia aus ist die Insel gut zu erreichen. Auch entlang der Küste von Labrador kann man mit den Fähren von Marine Atlantic eine eindrucksvolle Kreuzfahrt unternehmen.

L'ANSE AUX MEADOWS

(121/E3) Die 1960 entdeckte archäologische Fundstätte an der äußersten Nordspitze Neufundlands – die sagenhafte Kolonie »Vinland« der Wikinger – war um 1000 n. Chr. die erste Siedlungsstätte von Europäern in der Neuen Welt. Rekonstruierte Erdhütten und Ausstellungen im Visitor Centre des National Historic Park veranschaulichen das Leben der Nordmänner.

GROS MORNE NATIONAL PARK

(121/D4-5) Der 1987 von der Unesco zum Weltkulturerbe erklärte 1805 qkm große Park bewahrt die zerklüftete, geologisch einzigartige Westküste Neufundlands. Die Tundralandschaften der Tafelberge im Park sind ein hervorragendes Wandergebiet. Die ★ *Bootsfahrt auf dem Western Brook Pond*, einem 15 km langen Inlandsfjord, führt an 600 m hohen Klippen vorüber. Weitere Bootsausflüge sind möglich auf der *Bonne Bay* und auf der malerischen *Bay of Islands* südlich des National Parks nahe der Stadt Corner Brook.

ST. JOHN'S

(121/F6) Die Provinzhauptstadt von Neufundland (102 000 Ew.), eine der alten Städte Nordamerikas, liegt recht malerisch an den Berghängen um eine geschützte Meeresbucht an der Südostküste der Insel und bietet einen herrlichen, ganzjährig eisfreien Naturhafen, um den sich Engländer und Franzosen schon im 17. Jh. stritten. Der Hafen bestimmt auch heute das Leben der Stadt, und in der Hauptstraße Water Street, die parallel zu den Anlegern verläuft, trifft man Seeleute aus aller Welt – und viele Fischer, die mit ihren Kuttern von St. John's aus zu den Fanggründen der Grand Banks vor der Küste auslaufen.

MUSEEN

Cabot Tower
Von dem burgartigen Bau aus wurde 1901 der erste Funkkontakt nach Europa hergestellt. Schöner noch als die historischen Ausstellungen ist der ◁▷ Blick vom 160 m hohen Hügel auf die schmale Hafeneinfahrt und die wunderschön anzusehende Stadt. *Signal Hill, im Sommer tgl. 8.30–21, sonst bis 16.30 Uhr, Eintritt $ 2,25*

Newfoundland Museum
Pioniergeschichte der Provinz. Im zugehörigen Museum at the Murray Premises am Hafen wird die Geschichte des Fischfangs illustriert. *285 Duckworth St., Di bis Fr 9–17, Do bis 21, Sa/So 10–18 Uhr, Eintritt frei*

MARCO POLO TIPS FÜR NEUFUNDLAND

1 **Bootsfahrt auf dem Western Brook Pond**
Urzeitliche Fjorde – von der Unesco als Weltkulturerbe geschützt (Seite 86)

2 **Cape St. Mary's**
Natur im Urzustand: Steilklippen mit sehenswerten großen Vogelkolonien (Seite 87)

RESTAURANTS

The Flake House
☻ Einfallsreiche Fischgerichte mit ☽ Blick über eine kleine Hafenbucht. *Quidi Vidi Village, Tel. 709/576-77 72, Kategorie 2*

Stone House
Historisches Ambiente in einem Haus von 1838, traditionelle Neufundland-Küche. *8 Kenna's Hill, Tel. 709/753-23 80, Kategorie 2*

HOTEL

Battery
Angenehmes Mittelklassehotel mit Hallenbad und fabelhaftem ☽ Blick über die Stadt. *125 Zi., 100 Signal Hill, Tel. 709/576-00 40, Fax 576-69 43, Kategorie 2*

TOUREN

O'Brian's Whale & Bird Tours
Bootsausflüge zu Vogelfelsen und Eisbergen. Walbeobachtung. *150 Old Topsail Rd., Tel. 709/753-48 50, Fax 753-31 40*

EINKAUFEN

Beliebte Mitbringsel sind die typischen gestrickten Handschuhe, Modellschiffe und Kunsthandwerk aus den abgelegenen Dörfern Neufundlands. Die meisten Geschäfte liegen entlang der Water St. und der Duckworth St.

AUSKUNFT

Department of Tourism
P.O. Box 8700, St. John's, NF A1B 4J6, Tel. 709/729-28 30, Fax 729-00 57. Info Centre in der City Hall

ZIELE IN DER UMGEBUNG

Cape St. Mary's (121 / E 6)
★ Im Sommer ist auf der felsigen Landzunge im Südwesten der Avalon-Halbinsel eine der großen *Vogelkolonien* Nordamerikas zu beobachten: Tausende von Tölpeln und Dreizehenmöwen.

Cape Spear (121 / F 6)
☽ Die umtosten Klippen 10 km von St. John's mit dem Leuchtturm aus dem 19. Jh. sind der östlichste Punkt Nordamerikas.

TWILLINGATE

(121 / E 4) Ein Labyrinth von Inseln und Buchten erstreckt sich um den typischen Fischerort (1700 Ew.) an der Nordküste von Neufundland. Im Juni und Juli lassen sich vom Leuchtturm des Örtchens aus sehr gut die riesigen Eisberge beobachten, die aus Labrador herabtreiben.

Zwischen Atlantik und Großen Seen

Die hier beschriebenen Routen sind in der Übersichtskarte im vorderen Umschlag und im Reiseatlas ab Seite 116 grün markiert

① FELSBUCHTEN, SANDSTRÄNDE: DIE ATLANTIK-PROVINZEN

Rund 12 bis 14 Tage sollten Sie für diese 2100 km lange Rundreise durch die Ostprovinzen Kanadas einplanen. Eine Fahrt zu Fischerdörfern und feinen Hummerlokalen, zu wellenumtosten Klippen in Nova Scotia, Wäldern und stillen Wattlandschaften in New Brunswick und zu den verblüffend warmen Dünenstränden auf Prince Edward Island. Die beste Reisezeit für die Region ist von Juni bis Mitte September.

Von *Halifax (S. 76)* aus schlängelt sich der Highway 7 entlang der flachen, aber von zahllosen Buchten zergliederten Südküste Nova Scotias ostwärts. Lange Reihen weißer Bojen im dunklen Wasser zeigen, daß um die Fischerorte auch Austern gezüchtet werden. An Land versuchen kleine Farmen dem kargen Boden etwas Gemüse abzuringen. Noch viel mühsamer – und einsamer – muß das Pionierleben vor 150 Jahren in diesem Küstenstrich gewesen sein, wie das Museumsdorf *Sherbrooke Village (am Hwy. 7)* anschaulich dokumentiert.

Jenseits des Damms über die fast 1,5 km breite und 65 m tiefe *Strait of Canso* wartet das erste große Highlight der Reise: *Cape Breton Island (S. 73)* mit dem gleichnamigen Nationalpark, den die großartige Panoramastraße des ✿ *Cabot Trail* umrundet. Mindestens zwei bis drei Tage sind für die Erkundungen auf der Insel nötig – und verpassen Sie nicht einen Abstecher in die altfranzösische Festungsstadt *Louisbourg (S. 74)* an der Ostspitze. Ebenso faszinierend: Nahebei in der Bergwerksstadt *Glace Bay* zeigt das *Miners Museum (42 Birkley St.)*, wie früher in kilometerlangen Stollen unter dem Meer Kohle abgebaut wurde.

Zurück von der Insel, geht es durch saftiggrünes Farmland auf dem *Trans-Canada Highway* weiter durch den Norden von Nova Scotia. *Antigonish, New Glasgow* – alles alte schottische Siedlungen. So auch *Pictou,* ein betriebsamer Hafenort der Hummerfischer, deren Arbeit im *Northumberland Fisheries Museum* erläutert wird. Der *Lobster Carnival* findet Anfang Juli statt.

Das nächste Ziel liegt eine kurze Fährfahrt weiter: die idyllische Inselprovinz *Prince Edward Island (S. 80)*. Die winzige Hauptstadt *Charlottetown* verdient einen

Besuch, danach sollten Sie sich einen Pausentag zum Sonnen und Baden an den rotschimmernden Sandstränden des *P.E.I. National Park* gönnen – und abends in einem der umliegenden Fischerorte wie etwa *North Rustico* zum Hummerschlemmen gehen.

Über die gewaltige, erst 1998 fertiggestellte *Confederation Bridge* führt die Route über die Northumberland Strait wieder aufs Festland – nach *Cape Tourmentine* ganz im Süden der Provinz New Brunswick. Weite Marschlandschaften begleiten die Fahrt über *Sackville (S. 82)* nach *Moncton,* wo ein seltenes Naturphänomen wartet: Zweimal täglich kehrt sich – dank des Gezeitenunterschiedes von 7,5 m – der Lauf des Petitcodiac River um, und man kann oft sogar eine 30 bis 40 cm hohe Flutwelle beobachten, wenn das Salzwasser gegen den Fluß aufläuft. Sogar noch höher ist der Tidenhub in der *Bay of Fundy,* deren Ufer der 🔽 Highway 114 nun südwärts zum *Fundy National Park (S. 76)* folgt.

Doch auch das Binnenland hat seine Reize, wie sich im Tal des Saint John River zeigt: sanfte Hügel, Wälder, Farmen und auch die Provinzhauptstadt *Fredericton (S. 75)* mit dem hervorragenden Museumsdorf *Kings Landing.* Zurück an der Küste, geht es von der großen Hafenstadt *Saint John (S. 83)* aus per Fähre über die Bay wieder nach Nova Scotia und direkt in das Annapolis Valley. Ein höchst geschichtsträchtiges Tal, denn hier siedelten sich in *Port Royal (S. 72)* im Jahr 1604 die ersten Franzosen in Kanada an.

Südlich von *Annapolis Royal (S. 72)* taucht der Highway 8 in hügeliges Waldland ein, wo sich im *Kejimkujik National Park (S. 79)* Gelegenheit bietet, Kanada ganz klassisch zu erleben: per Kanu auf einem der stillen Seen. Trubeliger wird es auf der Rückfahrt nach Halifax entlang der Südküste: Die pittoresken Hafenorte der Region wie etwa *Lunenburg (S. 79),* *Mahone Bay* oder *Peggy's Cove (S. 79)* leben heute überwiegend vom Tourismus und locken mit Galerien und Kunsthandwerksläden zum Shopping – und mit exzellenten Lokalen zu einem Abschiedsdinner mit frischem Fisch.

② AM ST. LAWRENCE DURCH NEUFRANKREICH

 Der rote Faden dieser Reise durch die »Belle Province« ist der St. Lawrence, der Schicksalsstrom Neufrankreichs. An seinen Ufern reihen sich bunte Metropolen und alte Pionierdörfer, im Umland warten die Wälder der Laurentian Mountains und die klippengesäumte Gaspé-Halbinsel. In 16 bis 18 Tagen ist die knapp 3000 km lange Tour gut zu schaffen. Beste Zeit: Juni bis zum Indian Summer Anfang Oktober.

Zwei Tage verdient *Montréal (S. 51),* die lebensfrohe frankophile Metropole, zum Auftakt der Reise. Von hier aus bringt Sie die Autobahn 40 in der fruchtbaren Tiefebene am St. Lawrence weiter nach *Trois-Rivières (S. 69).* Gelegenheit für einen ersten Abstecher ins Hinterland: in die von den Gletschern der letzten Eiszeit zerfurchten Laurentian Mountains im *Parc National de la Mauricie (S. 69).*

Zurück in Trois-Rivières, geht es auf der Route 138 am Ufer des nun schon mehrere hundert Meter breiten St. Lawrence weiter stromabwärts. Die kurvige Landstraße folgt dem alten »Chemin du Roi«, den der Gouverneur Neufrankreichs 1737 anlegen ließ, um die Siedlerdörfer und die Güter der Adeligen miteinander zu verbinden. Herrenhäuser, alte Kirchen und Mühlen im normannischen Stil in den kleinen Orten wie *Deschambault* oder *Portneuf* erinnern an die Glanzzeiten von »Nouvelle France«. Noch mehr historisches Flair bieten wenig später die denkmalgeschützte Altstadt von *Québec City (S. 64)* und die der Stadt vorgelagerte *Île d'Orléans (S. 68)* mit ihren nostalgischen Bauernorten.

Auch das nächste Routenstück folgt dem Nordufer des St. Lawrence: entlang der *Côte de Beaupré (S. 67)* nach *Baie-Saint-Paul (S. 61)* und mit herrlichen Ausblicken über den Strom weiter auf der ✈ Route 362 zum hübsch gelegenen Künstlerort *La Malbaie*. Dann ein weiterer Abstecher in die Berge: in die fast norwegisch anmutende Fjordlandschaft der *Saguenay-Region (S. 68)* und zum *Lac Saint-Jean (S. 68)*. Industrieorte wie *Chicoutimi (S. 68)* – eine Hochburg der Québecer Separatisten – wechseln sich ab mit verschlafenen Dörfern, schroffen Steilufern und Badestränden.

Halten Sie auf der Weiterfahrt die Augen offen, denn um die Mündung des Saguenay-Flusses sind oft Wale zu beobachten (Bootstouren ab *Tadoussac*). Immer wieder bieten sich auf dem Weg nach *Baie-Comeau (S. 60)* ✈ Ausblicke über den St. Lawrence. Die Berge drängen näher an die Küste heran, die Landschaft wird einsamer und nordisch herber.

Per Autofähren führt die Reise an die Südküste des schon wie eine Meeresbucht wirkenden St. Lawrence. Der Zielhafen *Matane (S. 61)* liegt bereits auf der reizvollen *Gaspé-Halbinsel (S. 61)*, die ihren dramatischen Höhepunkt im *Parc National de Forillon (S. 61)* findet. Einen Pausentag verdient das Örtchen *Percé (S. 62)*, einen Tag für Strandwanderungen oder auch für einen Bootsausflug zu den Vogelkolonien der Île Bonaventure. Sonnige Ferienorte an der *Baie des Chaleurs* säumen den weiteren Weg um die Halbinsel. Dann geht es zurück nach Westen ins Tal des St. Lawrence. Sehenswert am Weg: der *Parc Bic* bei Rimouski und das Holzschnitzerdorf *St-Jean-Port-Joli (S. 61)*.

Auch auf der Autobahnfahrt von Québec City zurück nach Montréal lohnt sich noch ein Abstecher – in das ursprünglich von den Engländern besiedelte Farmland der Eastern Townships um *Magog (S. 63)*. Waldumrahmte Seen und idyllische Dörfer wie *North Hatley* sorgen für einen stimmungsvollen Ausklang der Tour.

③ INS REICH DER IROKESEN UND OJIBWA: ONTARIO

 Die Kontraste zwischen Städten und wilder Natur machen die zweitgrößte Provinz Kanadas besonders reizvoll. Hier Toronto und das feine Ottawa, dort die einsamen Seen des Algonquin Park, die donnernden Niagara-Fälle und die felsigen Ufer des Lake Huron. Nicht zu vergessen auch die Reservate der Indianer wie etwa auf Manitoulin Island. Die 2300 km lange Fahrt zeigt in rund 14 Tagen die schönsten Ecken Ontarios.

Die berühmteste Attraktion Ontarios steht gleich am Anfang

der Tour: *Niagara Falls (S. 43)*, nur zwei Stunden Autobahnfahrt südlich von *Toronto (S. 31)*. Doch dann geht es auf Nebenstraßen weiter: über das historische Städtchen *Niagara-on-the-Lake (S. 45)* und durch die Obstplantagen von *St. Catharines (S. 45)* ins Land der Irokesen. In *Brantford* zeigt das sehr gute Museum des *Woodland Cultural Center (184 Mohawk St.)* die Geschichte Kanadas – aus der Perspektive der Indianer! Führungen durch das Reservat sind im *Odrohekta Visitor Center* am Hwy. 54 östlich des Orts zu buchen.

Für die Weiterfahrt bleiben Sie auf Landstraßen: Durch beschauliches Farmland bummeln Sie über *Kitchener (S. 41)* und Mennonitendörfer wie *St. Jacobs (S. 42)* und *Elora (S. 42)* nordwärts zur Georgian Bay. *Midland (S. 43)* war einst wichtiges Siedlungszentrum der Huronen-Indianer. Lohnend: ein Abstecher in den Vorort *Penetanguishene*, wo im Museumsdorf *Discovery Harbour* das Leben der weißen Soldaten und Siedler vor 200 Jahren illustriert wird.

Zeit für einen Pausentag: an den Stränden von *Wasaga Beach (S. 43)* oder – für Naturfans – in *Tobermory* an der Spitze der Bruce Peninsula. Im gleichnamigen Nationalpark warten stille Buchten mit glasklarem Wasser und Trails entlang der felsigen Küste darauf, entdeckt zu werden. Eine kurze Fährfahrt mit der »M.S. Chi-Cheemaun« bringt Sie nordwärts nach *Manitoulin Island (S. 42)*, der Insel der Ojibwa-Indianer (Museum in West Bay westlich von *Little Current*, im Sommer häufig Tanzfeste).

Durch eine wildromantische Schärenlandschaft führt die Route weiter nach Norden und dann durch einsame Wälder auf dem *Transcanada Highway* zur Bergbaustadt *Sudbury (S. 48)*. Schön für Wildnisfans: eine Kanutour im noch weitgehend unberührten *Killarney Provincial Park* südlich der Stadt *(Bootsmiete am Hwy. 637)*. Weiter nach Osten über *North Bay* am Ufer des Lake Nipissing und dann nach Süden bis *Huntsville*. Einen ganzen Tag verläuft die Route durch die typische Landschaft des Kanadischen Schilds – Wälder, kleine Seen, Granitfelsen, wohin das Auge reicht. Ganz ähnlich bleibt die Szenerie im *Algonquin Provincial Park (S. 39)*, wo sich entlang der Trails oder auf einer Kanutour mit großer Wahrscheinlichkeit Elche und Biber beobachten lassen. So stellt man sich Kanada vor – die Klischees stimmen.

Zivilisierter wird es wieder im breiten Tal des Ottawa River: Kleine Farmen, Apfelplantagen und Gemüsefelder säumen den Hwy. 17 auf dem Weg zur Bundeshauptstadt *Ottawa (S. 46)*, die mit ihren hervorragenden Museen und schönen Promenaden einen Tag Aufenthalt wohl verdient. Auf dem Hwy. 16 geht es entlang des Rideau River, eines historischen Wasserwegs, weiter nach Süden. Nicht verpassen: einen Abstecher nach *Morrisburg (S. 43)* und zum Mueumsdorf *Upper Canada Village*. Zur letzten Etappe führt die Route dann entlang des breiten St. Lawrence River durch die malerische ☙ Inselwelt der Thousand Islands (Bootstouren ab *Gananoque, S. 29*) zur historischen Universitätsstadt *Kingston (S. 40)* und über die Autobahn 401 am Nordufer des Lake Ontario wieder zurück nach Toronto.

Von Auskunft bis Zoll

Adressen, Ratschläge und Reisetips für Ihre Kanadareise

AUSKUNFT

In der Bundesrepublik
Canada Tourism Program
Die Versandstelle des Kanadischen Fremdenverkehrsamtes verschickt eine Liste aller Kanadaveranstalter sowie Informationsmaterial über die einzelnen Provinzen Kanadas. *Postfach 20 02 47, 63469 Maintal, Tel. 0 61 81/4 51 78, Fax 49 75 58, www.kanada-info.de*

In Österreich
Kanadische Botschaft
Mo, Mi, Fr 8.30–11 Uhr, Laurenzerberg 2, 1010 Wien, Tel. 01/531 38 30 00, Fax 531 38 39 11

In der Schweiz
Welcome to Canada
Mo–Fr 14–17 Uhr, Freihofstr. 22, 8700 Küsnacht, Tel. 01/9 13 32 30, Fax 9 13 32 23

In Kanada finden Sie – gut ausgeschildert – in jeder Stadt, in jedem National Park und jedem noch so kleinen Dorf Info Centres und Visitors Bureaus, die Ihnen mit Landkarten und detaillierten Tips weiterhelfen. Dort können Sie sich auch kurzfristig noch nach günstigen Motels oder B & B-Unterkünften sowie nach regionalen Festen und sonstigen Veranstaltungen erkundigen.

AUTO

Der nationale Führerschein ist für Reisen bis zu drei Monaten ausreichend. In allen Provinzen besteht *Anschnallpflicht*. Das Straßennetz ist in gutem Zustand, doch im Norden der Provinzen nur sehr weitmaschig ausgebaut.

Höchstgeschwindigkeit ist auf den Fernstraßen meist 80 oder 100 km/h, in Ortschaften 50 km/h, auf Autobahnen 110 km/h. Die Verkehrsregeln gleichen denen in Europa. Es gibt jedoch einige *Besonderheiten:* An Ampeln darf man auch bei Rot nach rechts abbiegen (nicht in Québec), auf mehrspurigen Straßen ist das Rechtsüberholen erlaubt, Schulbusse mit eingeschalteter Warnblinkanlage dürfen auf keinen Fall passiert werden – auch nicht aus der Gegenrichtung.

Der kanadische *Automobilclub CAA* hilft auch den Mitgliedern ausländischer Clubs.

CAMPING

Die öffentlichen Campingplätze sind die schönsten: Naturnah, an

Seen und in National Parks gelegen und mit Feuerstelle, Holzbänken, Wasserpumpe und Plumpsklo einfach ausgestattet, kostet die Nacht dort $ 5–14. Private, oft recht luxuriös ausgerüstete Plätze mit heißen Duschen, Swimmingpool und Laden findet man am Rand der Städte und außerhalb der Parks (Preise ca. $ 10–30). Wildes Campen ist – außer in den Parks – nicht verboten, wird aber in besiedelten Gebieten nicht gern gesehen.

Vorsicht vor den Bären: Nachts sollten Sie alle Lebensmittel geruchsdicht im Auto verstauen oder – beim Zelten in der Wildnis – in mindestens vier Meter Höhe an einen Baum hängen.

DIPLOMATISCHE VERTRETUNG

Deutsche Botschaft

Mo–Fr 9–12 Uhr, 1 Waverley St., Ottawa, ON K2P 0T8 Tel. 613/ 232-11 01, Fax 594-93 30

Österreichische Botschaft

Mo–Fr 9–13 Uhr, 445 Wilbrod St., Ottawa, ON K1N 6M7, Tel. 613/ 789-14 44, Fax 789-34 31

Schweizer Botschaft

Mo–Fr 9–12 Uhr, 5 Marlborough Av., Ottawa, ON K1N 8E6, Tel. 613/235-18 37, Fax 563-13 94

Bei Paßverlust und anderen Notfällen können Sie sich auch an die jeweiligen Generalkonsulate in Montréal oder Toronto wenden.

EINREISE

Für Deutsche, Österreicher und Schweizer genügt ein gültiger Reisepaß zur Einreise. Auch Abstecher in die USA, etwa nach Detroit oder auf die amerikanische Seite der Niagara-Fälle, sind seit einigen Jahren ohne US-Visum möglich. Manchmal werden bei der Einreise die Vorlage eines Rückflugtickets und der Nachweis ausreichender Reisefinanzen verlangt.

GELD UND DEVISEN

Landeswährung ist der kanadische Dollar (= 100 Cents). Es gibt Banknoten zu 5, 10, 20, 50 und 100 Dollar sowie Münzen zu 1 ¢ *(penny)*, 5 ¢ *(nickel)*, 10 ¢ *(dime)*, 25 ¢ *(quarter)*, $ 1 und $ 2.

Banken sind meist von 10 bis 15 Uhr geöffnet. Sie lösen *Reiseschecks* (ausgestellt auf kan $) ein, wechseln aber meist keine ausländischen Währungen. Lediglich an den Flughäfen und in manchen größeren Hotels kann man (zu schlechtem Kurs) Mark in Dollar tauschen. Die *Reisekasse* sollten Sie auf mehrere Zahlungsmittel verteilen: ca. 100 Dollar *Bargeld* für die Ankunft, *Reiseschecks* in kan $ für die täglichen Ausgaben (sie werden überall in Läden und Restaurants akzeptiert, und man bekommt als Wechselgeld Bares zurück) sowie eine *Kreditkarte* (Visa oder Eurocard) für größere Ausgaben und für Notfälle. *Auch EC-Karten funktionieren an den meisten Geldautomaten*

GESUNDHEIT

Die ärztliche Versorgung in Kanada ist sehr gut - aber teuer. Daher sollten Sie für die Reise unbedingt eine *Auslandskrankenversicherung* abschließen. Medikamente erhalten Sie in der *Pharmacy* und im *Drugstore*.

Der Pavillon der Tourist Information in Thunder Bay

INLANDFLÜGE/FÄHREN

Air Canada, Canadian Airlines und manche Regionalfluglinien bieten bis zu 40 % verbilligte Tarife für ihre innerkanadischen Strecken an. Diese Tickets müssen allerdings ebenso wie die Rundflugtickets (Coupon-Airpässe) der beiden großen Airlines bereits vor der Reise in Europa gekauft werden.

Die meist im Stundentakt verkehrenden Fähren über den St. Lawrence in Québec und nach P.E.I. brauchen Sie nicht vorab zu buchen. Unbedingt zu empfehlen ist dagegen eine möglichst frühzeitige Reservierung für die Autofähren von Sydney/ Nova Scotia nach Neufundland und von Tobermory nach Manitoulin Island über den Lake Huron (Buchung im Reisebüro und bei allen Kanada-Veranstaltern möglich).

JAGEN UND ANGELN

Zur Jagd ist in allen Provinzen ein örtlicher Guide Pflicht: Auskunft bei den Fremdenverkehrsämtern. Hingegen ist das Angeln in den zahllosen Seen und Flüssen unkompliziert: Je nach Provinz kostet die Lizenz, die in allen Sportgeschäften und Lodges zu kaufen ist, für Besucher $ 10–30. In den National Parks ist das Angeln nur mit Sonderlizenz erlaubt und wird streng überwacht.

JUGENDHERBERGEN

Die Häuser der Canadian Hostelling Association (Adreßverzeichnis über den Buchhandel: *Hostelling International Handbook, Vol. 2*) kosten pro Nacht $ 6–22. In Großstädten können Rucksackreisende auch in den Heimen von YMCA (für Männer) und YWCA (für Frauen) absteigen, auf dem Land gibt es manchmal kleine *home hostels,* deren Adressen die Visitor Centres kennen.

KLIMA UND REISEZEIT

Abgesehen von den Küstenregionen am Atlantik und dem St.-Lawrence-Tal herrscht in Ostkanada extremes Kontinentalklima, das kalte, schneesichere Winter und trockene, oft überraschend heiße Sommer verspricht. Beste Reisezeit (und Hochsaison) ist von Mitte Juni bis Ende August. Doch Mai und September sind oft genauso schön – mit sonnigen, klaren Tagen und kühlen Nächten –, und im Herbst wird die Reise dann noch durch die flammenden Herbstfarben des Indian Summer verschönt. Zum Skifahren, Motorschlittenfahren und Langlaufen sind Februar und März am besten.

MIETWAGEN

Mindestmietalter: 21, oft auch 25 Jahre. Der nationale Führerschein genügt. Auto oder Camper sollten Sie schon einige Monate vorab im Reisebüro buchen. Dies ist meist billiger und sicherer als die Suche vor Ort, da besonders Wohnmobile zur Hochsaison häufig ausgebucht sind. Es ist ratsam, das Fahrzeug wieder am Ausgangspunkt zurückzugeben, da die Rückführgebühren oft extrem hoch sind.

NOTRUF

911 oder *operator:* 0 wählen.

ÖFFENTLICHE VERKEHRSMITTEL

Greyhound und mehrere regionale Buslinien (z.B. Voyageur-Colonial oder Orleáns Montréal) verbinden alle größeren Orte miteinander. Auskunft (auch zur Netzkarte Ameripass) im Reisebüro.

Per *Zug* ist Kanada besonders schön auf der legendären Trans-Kanada-Route von Montréal nach Vancouver zu erleben (mehrere Monate vorab reservieren!). Weitere Linien führen von

Poutine – heiß und fettig

In den USA und auch im englischsprachigen Kanada verwundert es nicht: Hamburger, Hot dogs und Fritten an jeder Straßenecke. Das Fast food regiert. Die Québecer dagegen sind stolz auf ihre vom gallischen Mutterland stark beeinflußte Küchentradition und ihre Haute Cuisine. Doch das heimliche Nationalgericht Québecs ist *poutine:* eine Mixtur aus Pommes frites mit Schmelzkäse, übergossen mit Bratensoße. Aus den kroß-knackigen Pommes wird so im Handumdrehen ein schauderhafter, fetttriefender Matsch, eine Kalorienbombe ersten Ranges. Der Name ist vermutlich eine Verballhornung des englischen *pudding* – und so ißt sich das Gematsche auch. Doch an Straßenständen landauf, landab ist *poutine* seit Jahrzehnten das beliebteste Gericht. Was der Croque Monsieur für Frankreich, das ist *poutine* für Québec. Und sogar bei McDonald's wurde diese Pommes-Abart schon gesichtet.

Montréal auf die Gaspé-Halbinsel und nach Halifax. Die Bahngesellschaft VIA-Rail bietet einen Canrail-Pass für ihr gesamtes Netz. Buchung aller Bahnfahrten bei den Vertretungen von VIA-Rail. Für Deutschland und Österreich: *CRD, Manfred-Samusch-Str. 1, 22926 Ahrensburg, Mo–Fr 9–18, Sa 10–13 Uhr, Tel. 0 41 02 / 8 87 70, Fax 88 77 55, www.crd.de (das Büro ist per Buchungscomputer mit Kanada verbunden)*

Für die Schweiz: *Imholz/ Western Tours, Birmensdorferstr. 108, 8036 Zürich, Mo–Fr 8.30–18, Sa 9–12 Uhr, Tel. 01/4 55 44 17, Fax 4 55 44 70*

ÖFFNUNGSZEITEN

Läden sind überwiegend Mo–Sa von 9.30 bis 18 Uhr geöffnet; die großen Shopping-Malls der Städte von 10 bis 21 und So 12 bis 17 Uhr.

Lebensmittelsupermärkte sind meist auch abends und wochenends geöffnet, in Großstädten sogar rund um die Uhr. Viele Museen haben montags geschlossen.

POST UND TELEFON

Postämter haben Mo–Fr 9–18 und Sa 8–12 Uhr geöffnet. *Porto* für Luftpostbriefe oder -postkarten nach Europa: 90 ¢. Aus den Großstädten ist eine Karte etwa fünf Tage unterwegs, aus dem Hinterland drei bis vier Tage länger.

Alle *Telefonnummern* in Kanada sind siebenstellig, dazu kommt für Ferngespräche noch eine dreistellige Vorwahl *(area code)*.

Ortsgespräche kosten 25 ¢, bei *Ferngesprächen* gibt nach dem Wählen eine Computerstimme die Gebühr an. Vorsicht: Im Hotel werden oft horrende Aufschläge berechnet! Bei allen Telefonproblemen hilft der *operator* (»0« wählen) weiter, er vermittelt auch R-Gespräche *(collect calls)*. Eine andere Besonderheit sind die *gebührenfreien Nummern* mit der Vorwahl 800 oder 888, über die man Hotels oder Mietwagen reservieren kann.

Vorwahl nach Deutschland: 01149. Nach Österreich: 01143. In die Schweiz: 01141. Danach der Ortsvorwahl ohne die erste Null und anschließend die Nummer. Vorwahl nach Kanada: 001.

STEUERN

Eine Mehrwertsteuer, genannt GST, von 7 % gilt in ganz Kanada. Hinzu kommen regionale Steuern zwischen 6,5 und 12 %. Alle Steuern werden erst beim Kauf hinzugerechnet, sind also zum Beispiel auf der Speisekarte noch nicht berücksichtigt. Die GST kann man sich als ausländischer Besucher erstatten lassen (Informationen auf den Flughäfen).

STROMSPANNUNG

110 Volt, 60 Hertz. Einen Steckdosenadapter für den (umschaltbaren!) Fön oder Rasierapparat besorgen Sie sich am besten schon vorab zu Hause.

TRINKGELD

Im Restaurant ist das Bedienungsgeld nicht inklusive. Man läßt daher etwa 15 % des Rechnungsbetrags als Tip auf dem Tisch liegen. Der Kofferträger im Hotel bekommt etwa $ 1–2 pro Gepäckstück.

ZEITZONEN

Sechs Zeitzonen spiegeln Kanadas gewaltige Dimensionen wider. In der *Atlantic Standard Time,* die für Nova Scotia, P.E.I. und New Brunswick gilt, beträgt der Unterschied zur MEZ –5 Stunden. *Neufundland* hat eine eigene Zeitzone mit MEZ –4,5 Stunden. Weiter westlich, in den Provinzen Québec und Ontario, gilt die *Eastern Standard Time* mit MEZ –6 Stunden. Vom ersten Sonntag im April bis zum letzten Sonntag im Oktober gilt die *Sommerzeit* (plus eine Stunde).

ZOLL

Pflanzen, Wurst, Obst und andere frische Lebensmittel dürfen nicht eingeführt werden. Erlaubt sind pro Erwachsenen 200 Zigaretten oder 50 Zigarren oder 400 g Tabak sowie 1,1 l Spirituosen. Dazu Geschenke bis zu 60 kan $ pro Empfänger. Nach Deutschland zollfrei eingeführt werden dürfen: 1 l Alkohol über 22 %, 200 Zigaretten oder 100 Zigarillos oder 50 Zigarren oder 250 g Tabak, 50 g Parfüm oder 250 g Eau de Toilette und andere Artikel im Gesamtwert von 350 Mark.

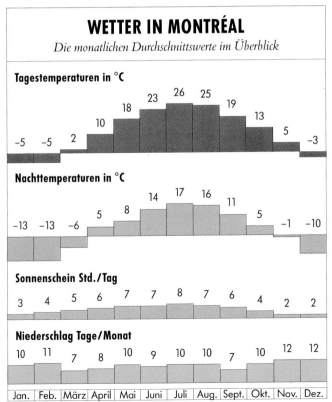

WETTER IN MONTRÉAL
Die monatlichen Durchschnittswerte im Überblick

Tagestemperaturen in °C

–5 –5 2 10 18 23 26 25 19 13 5 –3

Nachttemperaturen in °C

–13 –13 –6 5 8 14 17 16 11 5 –1 –10

Sonnenschein Std./Tag

3 4 5 6 7 7 8 7 6 4 2 2

Niederschlag Tage/Monat

10 11 7 8 10 9 10 10 7 10 12 12

| Jan. | Feb. | März | April | Mai | Juni | Juli | Aug. | Sept. | Okt. | Nov. | Dez. |

Bloß nicht!

Zum Schluß ein paar Hinweise auf mögliche Gefahren und Dinge, die man besser meidet

Auf eine Auslandskrankenversicherung verzichten

Als Ausländer sind Sie beim Arzt oder im Krankenhaus grundsätzlich Privatpatient. Ein Tag im Hospital kann $ 1000 und mehr kosten. Reisen Sie also auf keinen Fall ohne Versicherung!

Diebe herausfordern

Kanada ist ein sehr sicheres Reiseland. Die Taxifahrer sind ehrlich, die Attraktionen zwar nicht billig, aber meist ihr Geld wert. Und am Campingplatz wird es Ihnen wohl eher passieren, daß Ihnen das im Waschraum vergessene Halskettchen hinterhergetragen wird, als daß Sie im Wohnmobil ausgeraubt werden. Trotzdem sollte man die übliche Vorsicht nicht außer acht lassen. Gelegenheit macht auch in Kanada Diebe. Also am Parkplatz keine Kameras offen im Wagen liegenlassen, in den Großstädten nicht nachts alleine durch dunkle Seitenstraßen gehen!

Entfernungen unterschätzen

Täuschen Sie sich bloß nicht bei den Dimensionen Kanadas! Besonders im weiten Norden kann ein Fingerbreit auf der Landkarte eine elend lange Tagestour auf Schotterstraßen bedeuten.

Rauchen

Wie auch in den USA ist das Qualmen in Kanada mittlerweile völlig verpönt – und horrend teuer. Rauchen ist automatisch überall in öffentlichen Gebäuden, Flughäfen und Lokalen verboten. Nur in der hintersten Ecke findet man eventuell noch eine *smoking section*.

Wildniswanderungen ohne Rückversicherung machen

Seien es ein Tag, eine Woche oder ein Monat, die Sie auf einer Wanderung oder Kanutour in der unberührten Wildnis verbringen wollen: Hinterlassen Sie immer eine kurze Notiz über Ihre Route und die voraussichtliche Zeit der Rückkehr. Beim Kanuvermieter, beim Buschpiloten, der Sie ins Hinterland fliegt, oder beim Warden im National Park. Auch jede Polizeistation (RCMP) nimmt solche Meldungen entgegen. Falls etwas schiefgehen sollte, kann so ein Suchtrupp losgeschickt werden. Vergessen Sie aber nicht, sich rückzumelden, wenn Sie wohlbehalten ankommen. Und wandern Sie bloß nicht ohne Moskitomittel im kanadischen Busch. Ein Fläschchen Off, Muskol oder Cutter bewahrt Sie vor der Gier der Blutsauger.

Sprechen und Verstehen ganz einfach

Zur Erleichterung der Aussprache sind alle amerikanischen Begriffe und Wendungen mit einer einfachen Aussprache (in eckigen Klammern) versehen. Folgende Zeichen sind Sonderzeichen:

ə   nur angedeutetes »e« wie in bitte
θ   [s] gesprochen mit der Zungenspitze zwischen den Zähnen
'   die nachfolgende Silbe wird betont

AUF EINEN BLICK

Ja./Nein.	Yes. [jäs]/Yeah. [jie]/No. [no]
Vielleicht.	Perhaps. [pö'häps]/Maybe. ['mäibih]
Bitte.	Please. [plihs]
Danke.	Thank you. ['θänkju]
Vielen Dank!	Thank you very much. ['θänkju 'wäri 'matsch]
Gern geschehen.	You're welcome. [jər 'wälkəm]
Entschuldigung!	Excuse me! [iks'kjuhs 'mih]
Wie bitte?	Pardon? ['paərdn]
Ich verstehe Sie/dich nicht.	I don't understand. [ai dont andö'ständ]
Ich spreche nur wenig …	I only speak a little … [ai 'onli spihk ə litl]
Können Sie mir bitte helfen?	Can you help me, please? ['kən ju 'hälp mi plihs]
Ich möchte …	I'd like … [aid'laik]
Das gefällt mir (nicht).	I (don't) like this. [ai (dont) laik_θis]
Haben Sie …?	Do you have …? [du ju 'häw]
Wieviel kostet das?	How much is this? ['hau'matsch is θis]
Wieviel Uhr ist es?	What time is it? [wət 'taim is it]

KENNENLERNEN

Guten Morgen!	Good morning! [gud 'moərning]
Guten Tag!	Good afternoon! [gud äftö'nuhn]
Guten Abend!	Good evening! [gud 'ihwning]
Hallo! Grüß dich!	Hello! [hə'lo]/Hi! [hai]
Mein Name ist …	My name's … [mai näims …]
Wie ist Ihr/Dein Name?	What's your name? [wots joər 'näim]
Wie geht es Ihnen/dir?	How are you? [haur'ju]
Danke. Und Ihnen/dir?	Fine thanks. And you? ['fain θänks, ənd 'ju]
Auf Wiedersehen!	Goodbye!/Bye-bye! [gud'bai/bai'bai]
Tschüs!	See you!/Bye! [sih ju/bai]
Bis bald!	See you later! [sih ju 'lätər]
Bis morgen!	See you tomorrow! [sih ju tə'məro]

Auskunft

links/rechts — left [läft]/right [rait]
geradeaus — straight ahead [strät 'əhäd]
nah/weit — near [niər]/far [faər]
Bitte, wo ist ...? — Excuse me, where's ..., please?
[iks'kjuhs 'mih 'weərs ... plihs]

der Bahnhof — the train/bus station
[θə 'träen/bass 'stäischn]

die U-Bahn — the subway [θə 'sabwä]
der Flughafen — the airport [θə 'erpoht]
Wie weit ist das? — How far is it? ['hau 'far_is_it]
Ich möchte ... mieten. — I'd like to rent ... [aid'laik tə 'ränt]
... ein Auto — ... a car [ə 'kaər]
... ein Motorboot — ... a motorboat [ə 'motərbot]

Panne

Ich habe eine Panne. — My car's broken down.
[mai 'kaərs 'brokn 'daun]
Würden Sie mir bitte einen Abschleppwagen schicken? — Would you send a tow truck, please?
['wud ju sänd ə to trak plihs]
Gibt es hier in der Nähe eine Werkstatt? — Is there a service station nearby?
['is θeə_ə 'söəwis stäischn 'nirbai]

Tankstelle

Wo ist die nächste Tankstelle? — Where's the nearest gas station?
['weəs θə 'niərist 'gäs stäischn]
Ich möchte ... Liter/Gallonen [3,7l] ... — ... liters/gallons of ...
['lihtərs/gäləns əw]
... Normalbenzin. — ... regular, [regjulər]
... Super. — ... premium, [primium]
... Diesel. — ... diesel, ['dihsl]
... bleifrei/verbleit. — ... unleaded/leaded, please.
[an'lädid/'lädid plihs]
Volltanken, bitte. — Full, please. ['full plihs]

Unfall

Hilfe! — Help! [hälp]
Achtung! — Attention! [ə 'tänschn]
Vorsicht! — Look out! ['luk 'aut]
Rufen Sie bitte ... — Please call ... ['plihs 'kahll]
... einen Krankenwagen. — ... an ambulance. [ən 'ämbjuləns]
... die Polizei. — ... the police. [θə pə'lihs]
Es war meine Schuld. — It was my fault. [it wəs 'mai 'fahllt]
Es war Ihre Schuld. — It was your fault. [it wəs 'johər 'fahllt]
Geben Sie mir bitte Ihren Namen und Ihre Anschrift. — Please give me your name and address.
[plihs giw mi joər 'näim ənd ə'dräs]

ESSEN/UNTERHALTUNG

Wo gibt es hier …
… ein gutes Restaurant?
… ein typisches Restaurant?

Is there … here? ['is θeər … 'hiər]
… a good restaurant [ə 'gud 'rästərahnt]
… a restaurant with local specialities
[ə 'rästərahnt wiθ 'lokl späschi'älitis]

Gibt es hier eine
gemütliche Kneipe?
Reservieren Sie uns bitte
für heute abend einen
Tisch für 4 Personen.
Auf Ihr Wohl!
Bezahlen, bitte.

Is there a nice bar here?
['is θeər_ə nais bar hiər]
Would you reserve us a table for four
for this evening, please? ['wud ju ri'söhw
əs ə 'täibl fə 'fohr fə θis 'ihwning plihs]
Cheers! [tschiərs]
Could I have the check, please?
['kud ai häw θə tschek plihs]

Haben Sie einen
Veranstaltungskalender?

Do you have a calendar of events?
[du ju häw_ə 'kälendər_əw i'wänts]

EINKAUFEN

Wo finde ich …?

Where can I find …?
['weər 'kən_ai 'faind …]

eine Apotheke
eine Bäckerei
ein Fotogeschäft

a pharmacy [ə farməssi]
a bakery [ə beikəri]
a photo/camera store
[ə foto/kämərə stoər]

ein Kaufhaus
ein Lebensmittelgeschäft

a department store [ə di'partmənt stoər]
a supermarket/grocery store
[ə 'supər 'mahrkət/grosri stoər]

einen Markt

a market [ə 'mahrkət]

ÜBERNACHTUNG

Können Sie mir bitte …
empfehlen?
… ein Hotel/Motel
… eine Pension

Could you recommend …, please?
[kud ju 'räkə'mänd … plihs]
… a hotel/motel [ə ho'täl/mou'təl]
… a B&B (bed & breakfast)
[ə bin bi (bed_n 'bräkfəst)]

Ich habe bei Ihnen ein
Zimmer reserviert.
Haben Sie noch …?
… ein Einzelzimmer
… ein Doppelzimmer
… mit Dusche/Bad

I've reserved a room.
[aiw ri'söhwd_ə 'ruhm]
Do you have …? [du ju häw]
… a room for one [ə ruhm fə wan]
… a room for two [ə ruhm fə tu]
… with a shower/bath
[wiθ ə 'schauər/'bähθ]

… für eine Nacht
… für eine Woche
Was kostet das Zimmer
mit …
… Frühstück?

… for one night [fə wan 'nait]
… for a week [fə ə 'wihk]
How much is the room with …
['hau 'matsch is θə ruhm wiθ]
… breakfast? ['bräkfəst]

PRAKTISCHE INFORMATIONEN

Arzt

Können Sie mir einen guten Arzt empfehlen?
Can you recommend a good doctor? [kən ju räkə'mänd ə gud 'daktər]

Ich brauche einen Zahnarzt.
I need a dentist. [ai nied ə 'dentist]

Ich habe hier Schmerzen.
I feel some pain here. [ai fihl səm päin 'hiər]

Rezept
prescription [prə'skripschn]

Spritze
injection/shot [in'dschekschn/schat]

Bank

Wo ist hier bitte ...
Where's the nearest ... [weərs θə 'niərist]

... eine Bank?
... bank? [bänk]

... eine Wechselstube?
... exchange office? [iks'tschäinsch_afis]

Bankautomat
teller machine [telər maschin]

Ich möchte ... DM (Schilling, Schweizer Franken) in Dollars wechseln.
I'd like to change ... German Marks (Austrian Shillings, Swiss Francs) into Dollars.
[aid laik tə tschäinsch ... dschöhmən 'mahrks ('astriən 'schillings/'swis 'fränks) 'intə 'dahllərs]

Post

Was kostet ...
How much is ... ['hau 'matsch is]

... ein Brief ...
... a letter ... [ə 'lädər]

... eine Postkarte ...
... a postcard ... [ə postkahrd]

... nach Deutschland?
... to Germany? [tə 'dschöhməni]

Zahlen

0	zero [siəro]	19	nineteen [,nain'tihn]
1	one [wan]	20	twenty ['twänti]
2	two [tuh]	21	twenty-one [,twänti'wan]
3	three [θrih]	30	thirty ['θöhti]
4	four [fohr]	40	forty ['fohrti]
5	five [faiw]	50	fifty ['fifti]
6	six [siks]	60	sixty ['siksti]
7	seven ['säwn]	70	seventy ['säwnti]
8	eight [äit]	80	eighty ['äiti]
9	nine [nain]	90	ninety ['nainti]
10	ten [tän]	100	a (one) hundred [ə (wan) 'handrəd]
11	eleven [i'läwn]		
12	twelve [twälw]	1000	a (one) thousand [ə (wan) 'θausənd]
13	thirteen [θöh'tihn]		
14	fourteen [,foh'tihn]	10000	ten thousand ['tän 'θausənd]
15	fifteen [,fif'tihn]		
16	sixteen [,siks'tihn]	1/2	a half [ə 'hähf]
17	seventeen [,säwn'tihn]	1/4	a (one) quarter [ə (wan) 'kwohrtər]
18	eighteen [,äi'tihn]		

Menu
Speisekarte

BREAKFAST	**FRÜHSTÜCK**
coffee (with cream/milk) ['kafi (wiθ 'krihm/'milk)]	Kaffee (mit Sahne/Milch)
decaffeinated coffee [di'käfin,äitid 'kafi]	koffeinfreier Kaffee
hot chocolate ['hat 'tschaklit]	heiße Schokolade
tea (with milk/lemon) [tih (wiθ 'milk/'lämen)]	Tee (mit Milch/Zitrone)
scrambled eggs ['skrämbld 'ägs]	Rührei
poached eggs ['potscht 'ägs]	pochierte Eier
bacon and eggs ['bäikn ən 'ägs]	Eier mit Speck
eggs sunny side up ['ägs sani said ap]	Spiegeleier
hard-boiled/soft-boiled eggs ['hahrdboild/'saftboild ägs]	harte/weiche Eier
(cheese/mushroom) omelette [(tschihs/'maschrum)'omlit]	(Käse-/Champignon-)Omelett
bread/rolls/toast [bräd/rols/tost]	Brot/Brötchen/Toast
butter ['batər]	Butter
honey ['hani]	Honig
jam [dschäm]	Marmelade
jelly ['dschəli]	Gelee
muffin ['məfin]	süßes Küchlein
yoghurt ['jogərt]	Joghurt
fruit ['fruht]	Obst

HORS D'ŒUVRES/SOUPS	**VORSPEISEN/SUPPEN**
clam chowder [kläm tschaudər]	Muschelsuppe
broth/consommé [braθ/kən'somäi]	Fleischbrühe
cream of chicken soup [krihm əw 'tschikin suhp]	Hühnercremesuppe
ham [häm]	gekochter Schinken
mixed/green salad [mixd/grin säləd]	gemischter/grüner Salat
onion rings ['ənjən rings]	fritierte Zwiebelringe
seafood salad [sifuhd säləd]	Meeresfrüchtesalat
shrimp cocktail ['schrimp 'kahktäil]	Krabbencocktail
smoked salmon/lox ['smokt 'sämən/lax]	Räucherlachs
tomato soup [tə'mähto suhp]	Tomatensuppe
vegetable soup ['wädschtəbl suhp]	Gemüsesuppe

FISH/SEAFOOD | FISCH/MEERESFRÜCHTE

cod [kad]	Kabeljau
crab [kräb]	Krebs
eel [ihl]	Aal
halibut [häləbət]	Heilbutt
herring ['häring]	Hering
lobster ['labstər]	Hummer
mussels ['masls]	Muscheln
oysters ['oistərs]	Austern
perch [pöhtsch]	Barsch
salmon ['sämən]	Lachs
scallops [skälləps]	Jakobsmuscheln
sole [soll]	Seezunge
squid [skwid]	Tintenfisch
trout [traut]	Forelle
tuna ['tuhnə]	Thunfisch

MEAT AND POULTRY | FLEISCH UND GEFLÜGEL

bacon [bəikən]	Speck
barbecued spare ribs ['bahrbəkjuhd 'speər ribs]	gegrillte Rippchen
beef [bihf]	Rindfleisch
chicken ['tschikən]	Hähnchen
chop/cutlet [tschap/'katlət]	Kotelett
filet mignon ['filä minjon]	Filetsteak
duck(ling) ['dak(ling)]	(junge) Ente
gravy ['gräivi]	Fleischsoße
ground beef ['graund 'bihf]	Hackfleisch vom Rind
ham [häm]	gekochter Schinken
hamburger ['hämböhgər]	Hamburger
lamb [läm]	Lamm
liver (and onions) ['liwər (ən 'anjəns)]	Leber (mit Zwiebeln)
meatloaf [mihtlof]	Hackbraten
New York Steak [nu jork stäk]	Steak mit Fettrand
pork [pohk]	Schweinefleisch
rabbit ['räbit]	Kaninchen
roast [rost]	Braten
rump steak ['ramp stäik]	Rumpsteak
sausages ['sosidschis]	Würstchen
sirloin steak ['söhloin stäik]	Lendenstück vom Rind, Steak
T-bone steak ['tihbon stäik]	Rindersteak mit T-förmigem Knochen
turkey ['töhki]	Truthahn
veal [wihl]	Kalbfleisch
venison ['wänisn]	Reh oder Hirsch

VEGETABLES AND SALAD — GEMÜSE UND SALAT

baked beans ['bäikt 'bihns]	gebackene Bohnen in Tomatensoße
baked potatoes [bäikt pə'täitəus]	gebackene Kartoffeln in Schale
cabbage ['käbidsch]	Kohl
carrots ['kärəts]	Karotten
cauliflower ['kaliflauər]	Blumenkohl
chef's salad ['schefs 'säləd]	Salat mit Schinken, Tomaten, Käse, Oliven
eggplant [egplänt]	Aubergine
french fries [fränsch 'frais]	Pommes frites
corn-on-the-cob ['kohn_an θə 'kab]	Maiskolben
cucumber ['kjuhkamba]	Gurke
garlic ['garlik]	Knoblauch
hash browns ['häsch bräuns]	Bratkartoffeln
herbs [ərbs]	Kräuter
leek ['lihk]	Lauch
lentils ['läntils]	Linsen
lettuce ['letis]	Kopfsalat
mashed potatoes [mäscht pə'täitəus]	Kartoffelbrei
mushrooms ['maschrums]	Pilze
onions ['anjəns]	Zwiebeln
peas ['pihs]	Erbsen
peppers ['päppərs]	Paprika
pickles ['pikls]	Essiggurken
pumpkin ['pampkin]	Kürbis
produce ['proəducə]	frisches Gemüse
spinach ['spinidsch]	Spinat
squash ['skwasch]	kleiner Kürbis
tomatoes [tə'mähtous]	Tomaten

DESSERT AND CHEESE — NACHSPEISEN UND KÄSE

apple pie ['äpl 'pai]	gedeckter Apfelkuchen
brownie ['brauni]	Schokoladenplätzchen
cinnamon roll [sinəmon roul]	Zimtgebäck
cheddar ['tschädər]	kräftiger Käse
cookies [kukis]	Kekse
cottage cheese ['katidsch 'tschihs]	Hüttenkäse
cream [krihm]	Sahne
custard ['kastəd]	Vanille-Eiercreme
donut ['doənat]	Schmalzkringel
fruit salad [fruht 'säləd]	Obstsalat
goat's cheese ['gots tschihs]	Ziegenkäse
ice-cream ['ais'krihm]	Eis
pancakes ['pänkäiks]	Pfannkuchen
pastries ['päistris]	Gebäck
rice pudding ['rais 'pədding]	Reisbrei

FRUIT	OBST
apples ['äpls]	Äpfel
apricots ['äiprikats]	Aprikosen
blackberries ['bläkbəris]	Brombeeren
cantaloup ['käntəlop]	Zuckermelone
cherries ['tschäris]	Kirschen
figs [figs]	Feigen
grapes [gräips]	Weintrauben
lemon ['lämən]	Zitrone
melon ['mälən]	Melone
oranges ['orindschəs]	Orangen
peaches ['pihtschəs]	Pfirsiche
pears [peərs]	Birnen
pineapple ['pain,äpl]	Ananas
plums [plams]	Pflaumen
raspberries ['rähsbəris]	Himbeeren
rhubarb ['ruhbahrb]	Rhabarber
strawberries ['strahbəris]	Erdbeeren

Beverages
Getränkekarte

ALCOHOLIC DRINKS	ALKOHOLISCHE GETRÄNKE
beer [biər]	Bier
on tap ['on täp]	vom Faß
brandy ['brändi]	Kognac
cider ['saidər]	Apfelwein
red/white wine [räd/wait wain]	Rot-/Weißwein
dry/sweet [drai/swiht]	trocken/lieblich
sherry [schäri]	Sherry
sparkling wine ['spahrkling wain]	Sekt
table wine ['täibl wain]	Tafelwein

SOFT DRINKS	ALKOHOLFREIE GETRÄNKE
alcohol-free beer ['älkəhal,frih 'biər]	alkoholfreies Bier
fruit juice ['fruht dschuhs]	Fruchtsaft
lemonade [,lämə'näid]	gesüßter Zitronensaft
milk ['milk]	Milch
mineral water ['minrl ,wahtər]	Mineralwasser
root beer ['rut ,biər]	süße, dunkle Limonade
soda water ['sodə ,wahtər]	Selterswasser
tomato juice [tə'mähto dschuhs]	Tomatensaft
tonic water [tannic wahtər]	Tonicwasser

Sprechen und Verstehen ganz einfach

Zur Erleichterung der Aussprache sind alle französischen Wörter mit einer einfachen Aussprache (in eckigen Klammern) versehen.

AUF EINEN BLICK

Ja./Nein.	Oui. [ui]/Non. [nong]
Vielleicht.	Peut-être [pöhtätr]
Bitte.	S'il vous plaît. [sil wu plä]
Danke.	Merci. [märsi]
Gern geschehen.	De rien. [dö rjäng]
Entschuldigen Sie!	Excusez-moi! [äksküseh mua]
Wie bitte?	Comment? [kommang]
Ich verstehe Sie/dich nicht.	Je ne comprends pas. [schön kongprang pa]
Ich spreche nur wenig Französisch.	Je parle un tout petit peu français. [schparl äng tu pti pöh frangsä]
Können Sie mir bitte helfen?	Vous pouvez m'aider, s.v.p.? [wu puweh mehden sil wu plä]
Sprechen Sie Deutsch/ Englisch?	Vous parlez allemand/anglais? [wu parleh almang/anglä]
Ich möchte …	J'aimerais … [schämrä]
Das gefällt mir nicht.	Ça ne me plaît pas. [san mö plä pa]
Haben Sie …?	Vous avez …? [wus_aweh]
Wieviel kostet es?	Combien ça coûte? [kongbjäng sa kut]
Wieviel Uhr ist es?	Quelle heure est-il? [käl_ör ät_il]

KENNENLERNEN

Guten Morgen/Tag!	Bonjour! [bongschur]
Guten Abend!	Bonsoir! [bongsuar]
Hallo!/Grüß dich!	Salut! [salü]
Wie ist Ihr Name, bitte?	Comment vous appelez-vous? [kommang wus_apleh wu]
Wie heißt du?	Comment tu t'appelles? [kommang tü tapäl]
Wie geht es Ihnen/dir?	Comment allez-vous/vas-tu? [kommangt_aleh wu/wa tü]
Danke. Und Ihnen/dir?	Bien, merci. Et vous-même/toi? [bjäng märsi. eh wu mäm/tua]
Auf Wiedersehen!	Au revoir! [oh röwuar]
Tschüs!	Salut! [salü]

UNTERWEGS

Auskunft

links/rechts	à gauche [a gohsch]/à droite [a druat]
geradeaus	tout droit [tu drua]
nah/weit	près [prä]/loin [luäng]
Bitte, wo ist ...?	Pardon, où se trouve ..., s.v.p.? [pardong, us truw ... sil wu plä]
Wie weit ist das?	C'est à combien de kilomètres d'ici? [sät_a kongbjängd kilomätrö disi]
Welches ist der kürzeste Weg nach/zu ...?	Quel est le chemin le plus court pour aller à ...? [käl_äl schömäng lö plü kur pur aleh a]

Panne

Ich habe eine Panne.	Je suis en panne. [schö süis_ang pan]
Würden Sie mir bitte einen Abschleppwagen schicken?	Est-ce que vous pouvez m'envoyer une dépanneuse, s.v.p.? [äs_kö wu puweh mangwuajeh ün dehpanöhs sil wu plä]
Gibt es hier in der Nähe eine Werkstatt?	Est-ce qu'il y a un garage près d'ici? [äs_kil ja äng garasch prä disi]
... ist defekt.	... est défectueux. [... ä dehfäktüöh]

Tankstelle

Wo ist bitte die nächste Tankstelle?	Pardon, Mme/Mlle/M., où est la station-service la plus proche, s.v.p.? [pardong madam/madmuasäl/mösjöh u ä la stasjong särwis la plü prosch sil wu plä]
Ich möchte ... Liter.	... litres, s'il vous plaît. [litrö sil wu plä]
Super.	Du super. [dü süpär]
Diesel.	Du gas-oil. [dü gasual]
bleifrei/mit ... Oktan.	Du sans-plomb/... octanes. [dü sang plong/ ... oktan]
Volltanken, bitte.	Le plein, s.v.p. [lö pläng sil wu plä]

Unfall

Hilfe!	Au secours! [oh skur]
Achtung!	Attention! [atangsjong]
Rufen Sie bitte schnell ...	Appelez vite ... [apleh wit]
... einen Krankenwagen.	... une ambulance. [ün_angbülangs]
... die Polizei.	... la police. [la polis]
... die Feuerwehr.	... les pompiers. [leh pongpjeh]
Es war meine Schuld.	C'est moi qui suis en tort. [sä mua ki süis_ang torr]
Es war Ihre Schuld.	C'est vous qui êtes en tort. [sä wu ki äts_ang torr]
Geben Sie mir bitte Ihren Namen und Ihre Anschrift!	Vous pouvez me donner votre nom et votre adresse? [wu puweh mö donneh wottrö nong eh wottr_adräs]

ESSEN/UNTERHALTUNG

Wo gibt es hier ...

... ein gutes Restaurant?

... ein nicht zu teures
Restaurant?

Gibt es hier eine
gemütliche Kneipe?

Reservieren Sie uns bitte
für heute abend einen
Tisch für 4 Personen.

Wo sind bitte die
Toiletten?

Auf Ihr Wohl!

Bezahlen, bitte.

Hat es geschmeckt?

Das Essen war
ausgezeichnet.

Vous pourriez m'indiquer...
[wu purjeh mängdikeh]
... un bon restaurant?
[äng bong rästorang]
... un restaurant pas trop cher?
[äng rästorang pa troh schär]
Y-a-t'il un café (bistrot) sympa, dans le
coin? [jatihl äng kafeh (bistroh) sängpa
dang lö küang]
Je voudrais réserver une table pour ce
soir, pour quatre personnes.
[schwudrä räsehrweh ün tablö pur sö suar
pur kat pärsonn]
Où sont les W.-C., s.v.p.?
[u song leh wehseh sil wu plä]
A votre santé!/A la vôtre!
[a wottr sangteh/a la wohtr]
L'addition, s.v.p. [ladisjong sil wu plä]
C'était bon? [sehtä bong]
Le repas était excellent.
[lö röpa ehtät_äksälang]

ÜBERNACHTUNG

Können Sie mir bitte ...
empfehlen?

... ein gutes Hotel
... eine Pension

Haben Sie noch ...?

... ein Einzelzimmer

... ein Zweibettzimmer

... mit Bad

... für eine Nacht
... für eine Woche
Was kostet das Zimmer
mit ...
... Frühstück?

... Halbpension?

Pardon, Mme/Mlle/M., vous pourriez
recommander ...? [pardong madam/
madmuasäl/mösjöh wu purjeh
rökommangdeh]
... un bon hôtel [äng bonn_ohtäl]
... une pension de famille
[ün pangsjongd famij]
Est-ce que vous avez encore ...?
[äs_kö wus_aweh angkorr]
... une chambre pour une personne
[ün schangbr pur ün pärsonn]
... une chambre pour deux personnes
[ün schangbr pur döh pärsonn]
... avec salle de bains
[awäk sal dö bäng]
... pour une nuit [pur ün nüi]
... pour une semaine [pur ün sömän]
Quel est le prix de la chambre, ...
[käl_ä lö prid la schangbr]
... petit déjeuner compris?
[pti dehschöneh kongpri]
... en demi-pension?
[ang dmi pangsjong]

PRAKTISCHE INFORMATIONEN

Arzt

Können Sie mir einen guten Arzt empfehlen?

Vous pourriez recommander un bon médecin, s.v.p.?
[wu purjeh rökommangdeh äng bong mehdsäng sil wu plä]

Ich habe hier Schmerzen.

J'ai mal ici. [scheh mal isi]

Bank

Wo ist hier bitte …

Pardon, je cherche …
[pardong schö schärsch]

… eine Bank?

… une banque. [ün bangk]

… eine Wechselstube?

… un bureau de change.
[äng bürohd schangsch]

Ich möchte … DM (Schilling, Schweizer Franken) in Dollar wechseln.

Je voudrais changer … marks (schilling, francs suisses) en dollars.
[schwudrä schangscheh … mark (schiling, frang süis) ang dollar]

Post

Was kostet …

Quel est le tarif pour affranchir …
[käl_ä lö tarif pur afrangschir]

… ein Brief …

… des lettres … [deh lätr]

… eine Postkarte …

… des cartes postales …
[deh kart postal]

… nach Deutschland?

… pour l'Allemagne? [pur lalmanj]

Zahlen

0	zéro [sehroh]	20	vingt [wäng]	
1	un, une [äng, ühn]	21	vingt et un, une	
2	deux [döh]		[wängt_eh äng, ühn]	
3	trois [trua]	22	vingt-deux [wängt döh]	
4	quatre [katr]	30	trente [trangt]	
5	cinq [sängk]	40	quarante [karangt]	
6	six [sis]	50	cinquante [sängkangt]	
7	sept [sät]	60	soixante [suasangt]	
8	huit [üit]	70	soixante-dix [suasangt dis]	
9	neuf [nöf]	80	quatre-vingt [katrö wäng]	
10	dix [dis]	90	quatre-vingt-dix	
11	onze [ongs]		[katrö wäng dis]	
12	douze [dus]	100	cent [sang]	
13	treize [träs]	200	deux cents [döh sang]	
14	quatorze [kators]	1000	mille [mil]	
15	quinze [kängs]	2000	deux mille [döh mil]	
16	seize [säs]	10000	dix mille [di mil]	
17	dix-sept [disät]			
18	dix-huit [disüit]	1/2	un demi [äng dmi]	
19	dix-neuf [disnöf]	1/4	un quart [äng kar]	

Carte
Speisekarte

PETIT DEJEUNER	FRÜHSTÜCK
café noir [kafeh nuar]	schwarzer Kaffee
café au lait [kafeh oh lä]	Kaffee mit Milch
décaféiné [dehkafäineh]	koffeinfreier Kaffee
thé au lait/au citron [teh oh lä/oh sitrong]	Tee mit Milch/Zitrone
tisane [tisan]	Kräutertee
chocolat [schokola]	Schokolade
jus de fruit [schüd früi]	Fruchtsaft
œuf mollet [öf mollä]	weiches Ei
œufs brouillés [öh brujeh]	Rührei
œufs au plat avec du lard [öh oh pla awäk dü lar]	Eier mit Speck
pain/petits pains/toasts [päng/pti päng/tohst]	Brot/Brötchen/Toast
croissant [kruasang]	Hörnchen
beurre [bör]	Butter
fromage [frommasch]	Käse
charcuterie [scharkütri]	Wurst
jambon [schangbong]	Schinken
miel [mjäl]	Honig
confiture [kongfitür]	Marmelade
yaourt [jaur]	Joghurt
fruits [früi]	Obst

SOUPES ET HORS-D'ŒUVRES	SUPPEN UND VORSPEISEN
bisque d'écrevisses [bisk dehkröwis]	Krebssuppe
bouchés à la reine [buscheh a la rän]	Königinpastete
bouillabaisse [bujabäs]	südfranzösiche Fischsuppe, scharf gewürzt
consommé de poulet [kongsommehd pulä]	Hühnersuppe
crudités variées [krüditeh warjeh]	Rohkostteller
pâté de campagne [patehd kangpanj]	Bauernpastete
pâté de foie [patehd fua]	Leberpastete
salade niçoise [salad nisuas]	grüner Salat, Tomaten, Ei, Käse, Oliven, Thunfisch
saumon fumé [sohmong fümeh]	Räucherlachs
soupe à l'oignon [sup a luanjong]	Zwiebelsuppe
soupe de poisson [sup dö puasong]	Fischsuppe

VIANDES / FLEISCH

agneau [anjoh]	Lammfleisch
bifteck [biftäk]	Steak
bœuf [böf]	Rindfleisch
côte de bœuf [koht dö böf]	Rindskotelett
escalope de veau [äskalopp dö woh]	Kalbschnitzel
filet de bœuf [filäd böf]	Rinderfilet
foie [fua]	Leber
gigot d'agneau [schigoh danjoh]	Lammkeule
grillades [grijad]	Grillplatte
mouton [mutong]	Hammelfleisch
porc [porr]	Schweinefleisch
rognons [ronnjong]	Nieren
rôti [roti]	Braten
sauté de veau [sohtehd woh]	Kalbsragout
steak au poivre [stäk_oh puawr]	Pfeffersteak
steak tartare [stäk tartar]	Tatar
veau [woh]	Kalbfleisch

VOLAILLES ET GIBIER / GEFLÜGEL UND WILD

canard à l'orange [kanar a lorangsch]	Ente mit Orange
cuissot de chevreuil [küisohd schöwröj]	Rehkeule
coq au vin [kokoh wäng]	Hahn im Rotwein gedünstet
lapin chasseur [lapäng schasör]	Kaninchen nach Jägerart
oie aux marrons [ua oh marong]	Gans mit Maronenfüllung
poulet rôti [puleh rotti]	Brathähnchen
sanglier [sanglijeh]	Wildschwein

POISSONS, CRUSTACES ET COQUILLAGES / FISCHE, KRUSTEN- UND SCHALTIERE

cabillaud [kabijoh]	Kabeljau
calamar frit [kalamar fri]	gebratener Tintenfisch
daurade [dorrad]	Goldbrasse
lotte (de mer) [lott (dö mär)]	Seeteufel
loup de mer [lu dö mär]	Seewolf
maquereau [makroh]	Makrele
morue [morrü]	Stockfisch
perche [pärsch]	Barsch
petite friture [pötit fritür]	gebratene kleine Fische
rouget [ruscheh]	Rotbarbe
sandre [sangdr]	Zander
sole au gratin [soll oh gratäng]	überbackene Seezunge
truite meunière [trüit möhnjär]	Forelle Müllerin
turbot [türboh]	Steinbutt

coquilles Saint-Jacques [kokij sängschak] — Jakobsmuscheln

crevettes [kröwät] — Garnelen, Krabben
homard [ommar] — Hummer
huîtres [üitr] — Austern
moules [mul] — Miesmuscheln
plateau de fruits de mer [platoh dö früi dö mär] — verschiedene Meeresfrüchte

LEGUMES/PATES — GEMÜSE/BEILAGEN

artichaut [artischoh] — Artischocke
choucroute [schukrut] — Sauerkraut
chou farci [schu farsi] — Kohlroulade
chou-fleur [schuflör] — Blumenkohl
épinards [ehpinar] — Spinat
fenouil [fönuj] — Fenchel
haricots (verts) [arikoh (währ)] — (grüne) Bohnen
nouilles [nuj] — Nudeln
oignons [uanjong] — Zwiebeln
petits pois [pti pua] — Erbsen
poivrons [puawrong] — Paprika
pommes dauphine/duchesse [pom dohfin/düschäs] — Kartoffelkroketten
pommes de terre [pom dö tähr] — Kartoffeln
pommes de terre sautées [pom dö tär sohteh] — Bratkartoffeln
pommes natures [pomm natür] — Salzkartoffeln
riz au curry [ri oh küri] — Curryreis
tomates [tomat] — Tomaten

DESSERTS ET FROMAGES — NACHSPEISEN UND KÄSE

charlotte [scharlott] — Süßspeise aus Löffelbiskuits mit Früchten und Vanillecreme
crème Sabayon [kräm sabajong] — Weinschaumcreme
flan [flang] — Karamelpudding
fromage blanc [frommasch blang] — feiner Quark
fromage de chèvre [frommasch dö schäwr] — Ziegenkäse
gâteau [gatoh] — Kuchen
glace [glas] — Eis
pâtisserie maison [patisri mäsong] — Gebäck nach Art des Hauses
profiteroles [profitroll] — mit Eis gefüllte kleine Windbeutel an warmer Schokoladensoße
tarte aux pommes [tart oh pomm] — Apfelkuchen
tarte tatin [tart tatäng] — umgestürzter, karamelisierter Apfelkuchen
yaourt [jaurt] — Joghurt

FRUITS	**OBST**
abricots [abrikoh]	Aprikosen
cerises [söris]	Kirschen
fraises [fräs]	Erdbeeren
framboises [frangbuas]	Himbeeren
macédoine de fruits [masehduan dö früi]	Fruchtsalat
pêches [päsch]	Pfirsiche
poires [puar]	Birnen
pommes [pomm]	Äpfel
prunes [prün]	Pflaumen
raisin [räsäng]	Trauben

Liste des Consommations
Getränkekarte

VIN	**WEIN**
un (verre de vin) rouge [äng (wär dö wäng) rusch]	ein Glas Rotwein
un quart de vin blanc [äng kar dö wäng blang]	ein Viertel Weißwein
un pichet de rosé [äng pischäd rohseh]	ein Krug (20 bis 50 cl) Roséwein

BIERE	**BIER**
bière pression [bjär prehsjong]	Bier vom Faß
blonde [blongd] ~	~ helles
brune [brühn] ~	~ dunkles
bière bouteille [bjär butäj]	Flaschenbier

SANS ALCOOL	**ALKOHOLFREI**
bière sans alcool [bjär sangs_alkol]	alkoholfreies Bier
eau minérale [oh minehral]	Mineralwasser
jus de fruits [schüd früi]	Fruchtsaft
jus d'orange [schü dorangsch]	Orangensaft
lait [lä]	Milch
limonade [limonad]	Limonade
petit-lait [ptilä]	Buttermilch

Reiseatlas Kanada Ost

Die Seiteneinteilung für den Reiseatlas finden Sie
auf dem hinteren Umschlag dieses Reiseführers

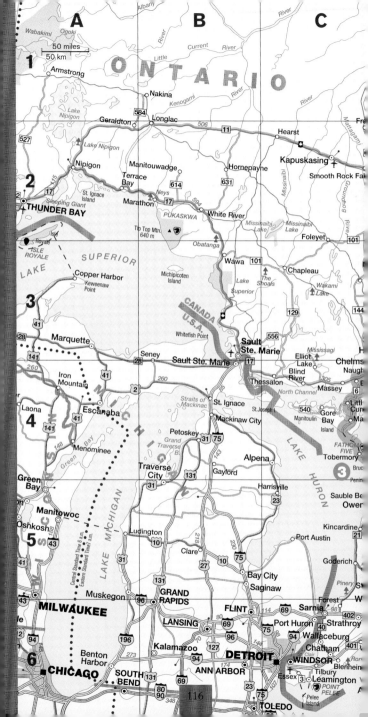

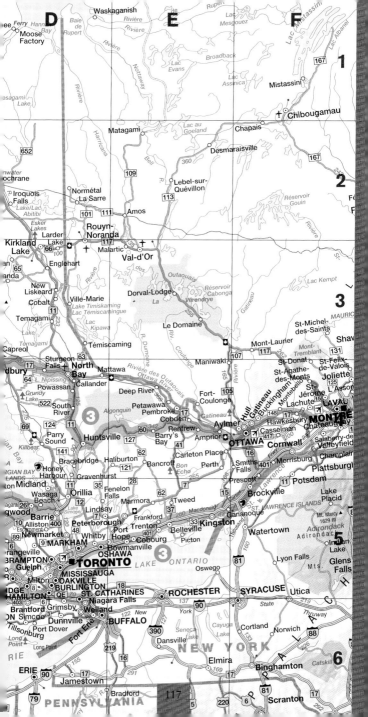

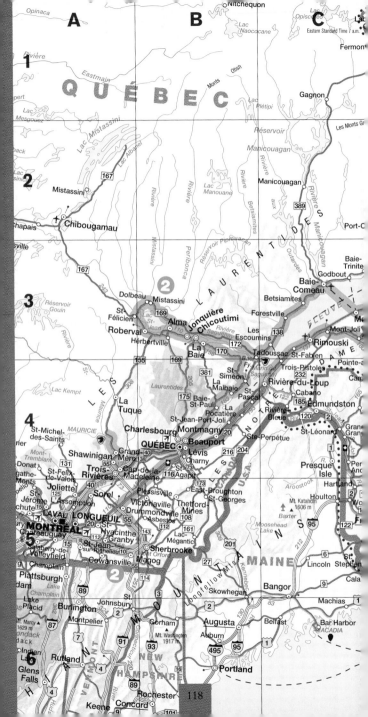

Column A
Opinaca, Rivière, Eastmain, Rupert, Lac Mesgouez, Lac Mistassini, Chapais, Chibougamau, Réservoir Gouin, Lac Kempt, Mont-Tremblant, St-Michel-des-Saints, Donat, St-Félix-de-Valois, Joliette, Jérôme, L'Assomption, Sorel, LAVAL, LONGUEUIL, MONTRÉAL, Châteauguay, St-Jean-sur-Richelieu, Valleyfield, Champlain, Plattsburgh, Lake Placid, Burlington, Mt. Marcy 1629 m, Rutland, Glens Falls

Column B
QUÉBEC, Lac Naococane, Otish, Lac Plétipi, Réservoir Manicouagan, Lac Manouane, Lac Mistassini, Lac Albanel, 167, Mistassini, Lac St-Jean, Rivière, Rivière Péribonca, Réservoir Pipmuacan, Dolbeau, Mistassini, St-Félicien, Roberval, 169, Alma, Jonquière, Chicoutimi, Hébertville, La Baie, 170, 155, 169, 381, St-Siméon, 206, La Malbaie, 175, Baie-St-Paul, La Pocatière, St-Jean-Port-Joli, Charlesbourg, Montmagny, QUÉBEC, Beauport, Lévis, Charny, Cap-de-la-Madeleine, 116, St-Agapit, 173, Shawinigan, Grand-Mère, 138, 131, Trois-Rivières, 40, Plessisville, Victoriaville, Drummondville, East-Broughton, St-Georges, Thetford Mines, 108, Asbestos, 161, St-Hyacinthe, Granby, 143, Lac-Mégantic, Sherbrooke, 201, Magog, 27, Cowansville, 55, 114, St-Johnsbury, Mt. Orford, Gorham, Mt. Washington 1917 m, 89, 93, Montpelier, 91, Augusta, Auburn, 495, 95, Johnsbury, NEW HAMPSHIRE, Rochester, Concord, 101, Keene

Column C
Lac Opiscotéo, Eastern Standard Time 7 a.m., Fermont, Gagnon, Les Monts Gr..., Manicouagan, 389, Port-C..., Baie-Trinite, Godbout, Baie-Comeau, Betsiamites, Forestville, Les Escoumins, 138, Mont-Joli, Rimouski, Tadoussac, St-Fabien, Trois-Pistoles, 232, Rivière-du-Loup, Cabano, 185, Edmundston, 120, St-Léonard, 2, 1, Presque Isle, Hartland, Houlton, Mt. Katahdin 1606 m, Baxter, Moosehead Lake, 95, 122, Lincoln, St. Stephen, Cala..., 9, Machias, Bangor, Skowhegan, Belfast, Bar Harbor, ACADIA, Portland, MAINE, Kennebec, Longfellow Mts., 6

Regional labels
LAURENTIDES, Rivière Saguenay, Rivière aux Outardes, Rivière Betsiamites, Rivière Manicouagan, NOTRE-DAME, Laurentides, MAURICIE, U.S.A., CANADA, VERMONT, Lake Champlain, Connecticut, Hudson, Rivière St-Maurice, Aroostook, 118

Grid references: **D**, **E**, **F** (columns); **1**, **2**, **3**, **4**, **5**, **6** (rows)

500 · Gull Island
120
Eagle · River
Atikonak Lake
Lac Joseph
Ashuanipi L.
Atikonak Lake
Rivière
Churchill River
Rivière du Petit St-Augustin
St.-Augustin
La Tabatière
Île Petit Mécatina
Rivière · Romaine
Aguanus · Rivière
Natashquan · Rivière
Lac Magpie
Moisie · Rivière
Moisie
138
Longue-Pointe
Mingan
Havre-St-Pierre
Baie-Johan-Beetz
Aguanish
Natashquan
La Romaine
138
L'ARCHIPEL-DE-MINGAN
Détroit · Jacques-Cartier
Pointe de l'Ouest
Port-Menier
Île d'Anticosti · Anticosti Island
Détroit d'Honguedo
Pointe Heath
St.-Augustin · Rivière St.
La Romaine
Bay of · Cox's
Benoit's
Port au Port Pen.
Atlantic Standard Time 8 a.m.
Newfoundland Standard Time 8:30 a.m.
LAURENT
Mont-Louis
Grande-Vallée
132
Mt. Jacques-Cartier 1268 m
Chic-
Gaspésie
Murdochville
Chocs
FORILLON
Gaspé
Insule de
299
Chandler
299
Percé
Île Bonaventure
Baie de Gaspé
GULF OF ST. LAWRENCE
Port au Port
Cape St. George
St. George's Bay
Cape Anguille
cal
New Richmond
132
Bonaventure
Caraquet
Chaleur Bay
Baie des Chaleurs
Île Miscou Island
Île Lamèque Island
Shippagan
GOLFE DU ST-LAURENT
Cape Ray
1
Detroit de Cabot
Cabot Strait
Dalhousie
11
134
Petit-Rocher
Bathurst
8
11
Neguac
Tracadie-Sheila
Baie Miramichi Bay
North Cape
Tignish
Fatima
199
Grande-Entrée
Îles de la Madeleine
Havre-Aubert
QUÉBEC
1
Channel-Port aux Basques
Cape North
Cape Breton · CAPE BRETON I.
CAPE BRETON HIGHLANDS
Ingonish Beach
Argentia
NEW BRUNSWICK
EW SWICK
108
Miramichi
KOUCHIBOUGUAC
Richibucto
126
Bouctouche
116
Moncton
11
Confederation Bridge
15
Shediac
16
Borden-Carleton
PRINCE EDWARD ISLAND
14
Alberton
Mill River
Summerside
2
Kensington
Charlottetown
2
16
North Lake
Souris
Montague
Brudenell
Wood Islands
Chéticamp
Sugarloaf Mtn. 450 m
Inverness
Baddeck
19
105
North Sydney
Glace Bay
Sydney
FORTRESS OF Louisbourg
Huntington Mtn. 221 m
Bras d'Or L.
town
8
Minto
10
Chipman
Salisbury
7
Riverview
Amherst
Oxford
6
Pictou
New Glasgow
Port Hawkesbury
4
Louisdale
ANTIGONISH
Antigonish
16
Canso
5
Oromocto
1
111
Sussex
114
Springhill
Cobequid Mtns.
104
Stellarton
Hampton
102
Parrsboro
2
Truro
102
224
Sherbrooke
FUNDY
Saint John
Kentville
Grand Pré
101
Windsor
7
Stewiacke
Sheet Harbour
Bay of Fundy
Baie of Fundy
Middleton
Bridgetown
345
12
14
103
Annapolis Royal
10
Chester
Peggy's Cove
HALIFAX
Digby
KEJIMKUJIK
8
Lunenburg
Bridgewater
Sable Island N.S.
6
River
1
Liverpool
KEJIMKUJIK Seaside Adjunct/ L'annexe-côtière
ghan
mouth
Shelburne
3
103
Lockeport
Baccaro Pt.
Clark's Harbour

50 miles
50 km

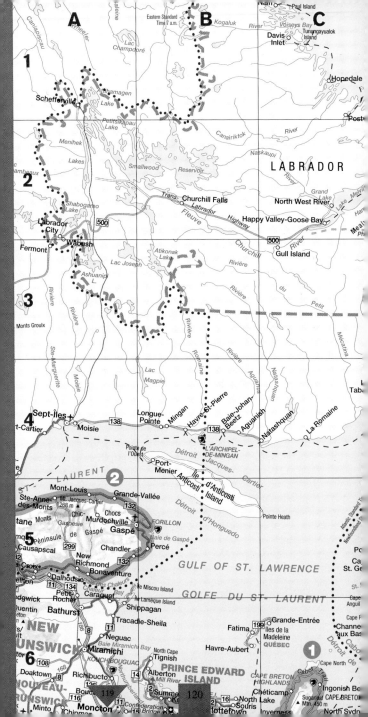

D · E · F

1 LABRADOR SEA

50 miles
50 km

Cape Harrison

Groswater Bay

2 ATLANTIC OCEAN

Huntingdon Island

Sandwich Bay

Cartwright

Trans-Labrador (proposed) River

Norman Bay

Charlottetown

Port Hope Simpson

Marys Harbour

Lodge Bay

3 Belle Isle

Red Bay

RED BAY

Forteau

Blanc-Sablon

Strait of Belle Isle / Détroit de Belle Isle

L'ANSE AUX MEADOWS

Rivière St.-Paul

St. Barbe

St. Anthony

Hare Bay

432

Roddickton

Grey Islands

4 Point Riche

PORT AU CHOIX

Port au Choix

442

430

Mountains

White Bay

La Scie

Cape St. John

Baie Verte

GROS MORNE

Twillingate

Fogo

Fogo I.

Fy./Bac

Paris Point

St. Paul's Bay

Squires Memorial

410

Springdale

226

Robert's Arm

Notre Dame Bay

Summerford

330

Musgrave Harbour

5 Islands Cove / Cove

Lewis Hills

Deer Lake

1

Lewisporte

340

Cape Freels

Wesleyville

Range

Pasadena

Botwood

Gander Bay

320

Centreville

Bonavista Bay

Corner Brook

Buchans

370

Badger

Norris Arm

Gander

Hare Bay

Glovertown

Cape Bonavista

Bonavista

Stephenville

Grand Falls-Windsor

Red Indian Lake

Gambo

Catalina

St. George's

Barachois Pond

NEWFOUNDLAND

Maelpaeg Reservoir

360

TERRA NOVA

230

Trinity

Bay de Verde Peninsula

Long Range

480

La Poile Bay

St. Alban's

Clarenville

Trinity Bay

80

Carbonear

Pouch Cove

Cape St. Francis

6 Burgeo

Arnold's Cove

Roberts

1

Conception Bay South

ST. JOHN'S

Whitbourne

Butter Pot

Mount Pearl

SIGNAL HILL

Harbour Breton

210

Placentia Bay

223

Argentia

Placentia

91

Holyrood

CAPE SPEAR

Bulls

Grand Bank

Marystown

100

90

Ferryland

10

AVALON

Miquelon

Burin

Burin Peninsula

CASTLE HILL

Branch

PENINSULA

Grand Miquelon

Fortune

220

St. Lawrence

Cape St. Mary's

Trepassey

Petit Miquelon

St-Pierre

Île St-Pierre

FRANCE

St. Shotts

121

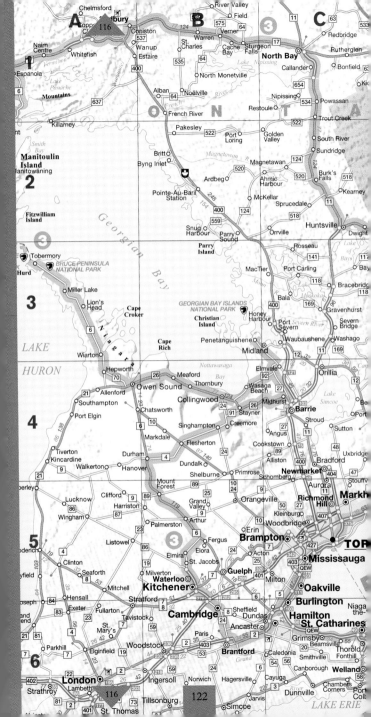

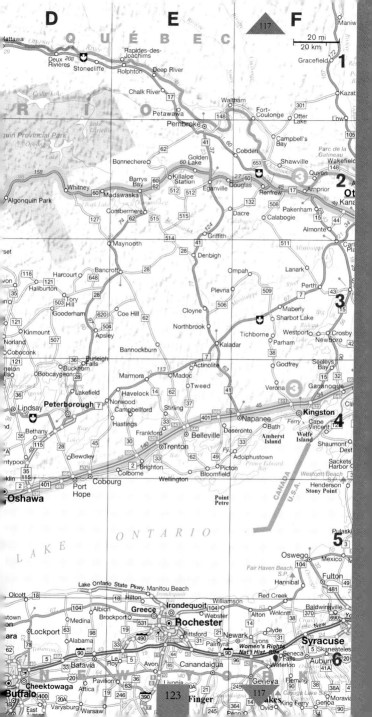

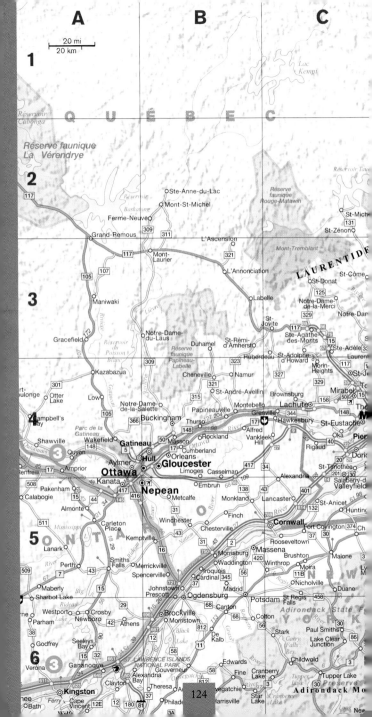

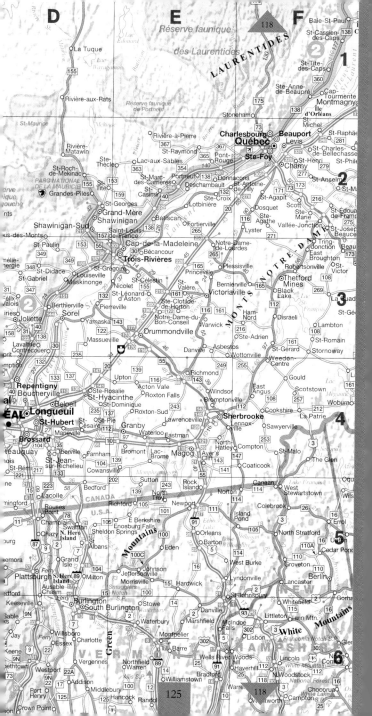

LEGENDE REISEATLAS

Trans-Kanada-Highway	▣	Trans-Canada Highway
Gebührenpflichtige Autobahn	81	Toll Expressway
Autobahn	16	Expressway (Limited Access)
Interstate Highway (U.S.A.)	90	Interstate Highway (U.S.A.)
Hauptverbindungsstraße	5 – 93	Principal Highway
Nebenstraße	10	Secondary Highway
Sonstige Straßen		Local Road
Entfernung in Kilometer	382	Distance in kilometres
Eisenbahn		Railway
Fähre	– – – – –	Ferry
Zeitzonengrenze	• • • • • • •	Time zone boundary
Provinzpark	Cape Scott ♠	Provincial park
Nationalpark	BANFF ♥	National park
Internationale Grenze		International boundary
Provinz- oder Bundesstaatengrenze		Provincial, territorial or state boundary
Provinz- oder Territorialgrenze, unmarkiert	▪ ▪ ▪ ▪ ▪	Provincial, territorial boundary, undemarcated
Territoriale Gebietsgrenze		Territorial district boundary
Provinzhauptstadt	**QUÉBEC**	Provincial capital
Einwohnerzahl unter 10 000	○ Cobalt	Population less than 10 000
Einwohnerzahl zwischen 10 000 und 50 000	⊙ Lethbridge	Population 10 000 to 50 000
Einwohnerzahl zwischen 50 000 und 100 000	◎ **Markham**	Population 50 000 to 100 000
Einwohnerzahl zwischen 100 000 und 500 000	◉ **LAVAL**	Population 100 000 to 500 000
Einwohnerzahl zwischen 500 000 und 1 000 000	◉ **CALGARY**	Population 500 000 to 1 000 000
Einwohnerzahl über 1 000 000	■ **TORONTO**	Population greater than 1 000 000
Stadtgebiet		Built-up area

REGISTER

In diesem Führer finden Sie alle wichtigen Orte, Sehenswürdigkeiten und Museen sowie die National Parks (NP, PN) und Provincial Parks (PP). Halbfette Ziffern verweisen auf den Haupteintrag, kursive auf ein Foto.

Was bekomme ich für mein Geld?

Trotz häufiger Verwechslung: Der kanadische Dollar ist nicht gleich dem US-Dollar, sondern liegt im Kurs derzeit rund 35 Prozent darunter. Das heißt, für 1 US-$ bekommt man 1,56 kan $, für 1 Mark 0,93 kan $. US-$ werden in den Touristenzentren akzeptiert – aber ungern. Reisen Sie deshalb mit Bargeld oder Travellerschecks in kan $. Einige Preisbeispiele: Ein Frühstück im Coffee-Shop kostet etwa $ 8, im Hotel muß man mit $ 10–15 rechnen. Der (sehr dünne) Kaffee dazu kommt auf $ 1–2. Ein Steak am Abend kostet in ländlichen Regionen $ 15, in den besseren Restaurants der Städte $ 25–30. Das Glas Bier in der Bar beläuft sich auf $ 2–3, die Flasche Importbier schlägt mit $ 4–5 zu Buche. Der Eintritt in den größeren Museen liegt zwischen $ 5 und $ 10. Ein dreiminütiges Telefongespräch nach Europa kostet ca. $ 8, der Liter (bleifreies) Benzin je nach Region 60–80 ¢. Eine Stadtrundfahrt oder eine Bootsfahrt in Toronto oder Montréal schlägt mit $ 10–20 zu Buche, ein Taxi kostet $ 2,50 Grundgebühr plus $ 1 je km. U-Bahnen und Busse kommen auf $ 2 je Fahrt, ein Tagesspaß kostet $ 5. Für ein Mietauto werden pro Tag $ 40–60 fällig, für einen Wohnwagen (vor der Reise buchen!) pro Tag 100 bis 140 Mark. Mietkanus sind in den Parks für $ 20–25 pro Tag und $ 130–150 die Woche zu haben.

DM	kan $	kan $	DM
1	0,91	1	1,11
2	1,82	2	2,22
3	2,73	3	3,33
4	3,64	4	4,44
5	4,55	5	5,55
10	9,09	10	11,10
15	13,64	15	16,65
20	18,18	20	22,20
30	27,27	30	33,30
40	36,36	40	44,40
50	45,45	50	55,50
60	54,55	60	66,60
70	63,64	70	77,70
80	72,73	80	88,80
90	81,82	90	99,90
100	90,91	100	111,00
200	181,82	200	222,00
250	227,27	250	277,50
500	454,55	500	555,00
1.000	909,09	1.000	1.110,00

Bei Scheckzahlung/Automatenabhebung am Urlaubsort berechnet die Heimatbank die obenstehenden Kurse.
Stand: Januar 1999